HÉROES CRISTIANOS DE AYER Y DE HOY

NI UN PASO ATRÁS

La vida de C.T. Studd

HÉROES CRISTIANOS DE AYER Y DE HOY

NI UN PASO ATRÁS

La vida de C.T. Studd

JANET & GEOFF BENGE

EDITORIAL JUCUM

P.O. Box 1138 Tyler, TX 75710-1138

Editorial JUCUM forma parte de Juventud con una Misión, una organización de carácter internacional.

Si desea un catálogo gratuito de nuestros libros y otros productos, solicítelos por escrito o por teléfono a:

Editorial JUCUM
P.O. Box 1138, Tyler, TX 75710-1138 U.S.A.
Correo electrónico: info@editorialjucum.com
Teléfono: (903) 882-4725
www.editorialjucum.com

Ni un paso atrás: La vida de C.T. Studd

Versión española: Juan de Mesa

Publicado originalmente en inglés con el título de:
C.T. Studd: No Retreat

PO Box 55787, Seattle, WA 98155

ISBN 978-1-64836-098-5

Impreso en los Estados Unidos

HÉROES CRISTIANOS DE AYER Y DE HOY

Biografías

Aventura fantástica
La vida de Gladys Aylward

Persecución en Holanda
La vida de Corrie ten Boom

Un aventurero ilustrado
La vida de William Carey

La intrépida rescatadora
La vida de Amy Carmichael

Odisea en Birmania
La vida de Adoniram Judson

Alma de Campeón
La vida de Eric Liddell

Padre de huérfanos
La vida de George Müller

Peligro en la selva
La vida de Nate Saint

Peripecia en China
La vida de Hudson Taylor

La audaz aventura
La vida de Mary Slessor

Portador de esperanza
La vida de Cameron Townsend

La tenacidad de una mujer
La vida de Ida Scudder

Emboscada en Ecuador
La vida de Jim Elliot

Desafío para valientes
La vida de Loren Cunningham

C.S. Lewis
Un genio de la narración

Valentía en el Nilo
La vida de Lillian Thrasher

Corazón Pionero
La vida de David Livingstone

La heroína voladora
La vida de Betty Greene

Victoria sobre la venganza
La vida de Jacob DeShazer

Dietrich Bonhoeffer
En medio de la maldad

Agente secreto de Dios,
La vida del hermano Andrés

Esperanza en los Andes
La vida de Klaus-Dieter John

Hazañas en el hielo
La vida de Wilfred Grenfel

Lottie Moon
Perseverancia y sacrificio

Defensora de los desamparados
La vida de Elizabeth Fry

John Wesley
El mundo era su parroquia

Somos una familia
La vida de Charles Mulli

Precursor incansable
La vida de Conde Zinzendorf

Jamás derrotado
La vida de William Booth

El amor que vence
La vida de Richard Wurmbrand

Una estrella en la jungla
La vida de Rachel Saint

Pasión por un pueblo abandonado
La vida de Samuel Zwemer

Nada le detuvo
La vida de Albert Schweitzer

Ni un paso atrás
La vida de C.T. Studd

La agnóstica que abrazó la fe
La vida de Isobel Kuhn

África

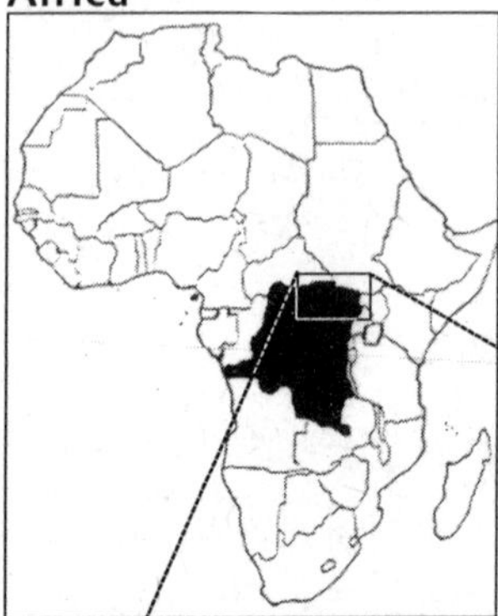

Noroeste del Congo Belga (actualmente República Democrática del Congo)

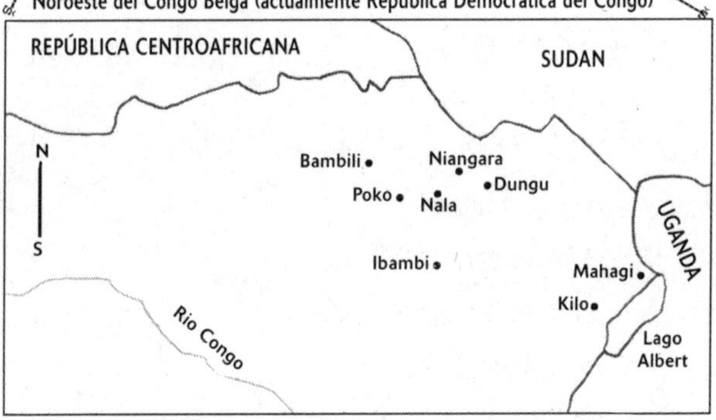

Índice

Capítulo 1

Perdidos

—Estamos perdidos, dijo C.T. Studd, moviendo la cabeza.

C.T. y su compañero de viaje, Alfred Buxton, habían tratado de encontrar el sendero de regreso a través de la densa jungla africana, pero lo único que habían logrado había sido caminar en círculos hasta encontrarse totalmente desorientados.

—Y hambrientos, añadió Alfred.

Los porteadores[1], de quienes se habían separado, llevaban todos los alimentos y provisiones.

Los dos ingleses caminaron un poco más hasta alcanzar un pequeño claro, cambiando la umbría[2] penumbra de la jungla por la deslumbrante luz del sol en el claro. C.T. oteó[3] el cielo en pos de una nube,

1 Porteadores: Del verbo portear. Conducir o llevar algo de una parte a otra por el porte o precio convenido o señalado.

2 Umbría: Parte de terreno que, por su orientación, casi siempre está en sombra.

3 Oteó: Del verbo otear. Escudriñar, registrar o mirar con cuidado.

una ave migratoria, cualquier objeto que pudiera ayudarlo a orientarse.

—Sabes, esta es la zona donde mataron al cazador de elefantes con una flecha envenenada, comentó Alfred.

Un escalofrío recorrió la columna vertebral de C.T. al oír el comentario.

—Lo sé, y tengo la extraña sensación de que nos están observando en este momento.

—Sé a lo que te refieres, contestó Alfred. ¿Tienes alguna idea de cómo salir de aquí?

Antes de que pudiera responder, oyeron un ruido proveniente de la espesura situada a sus espaldas. Se dieron la vuelta y vieron a un hombre africano emerger del denso follaje. El hombre estaba desnudo a excepción de la camisa hecha jirones que vestía. Los ojos de C.T. y Alfred se clavaron en el arco y las flechas que portaba en su mano izquierda. Él sonrió, mostrando unos dientes que habían sido limados en forma de puntas afiladas.

—Los dientes son una señal segura de que es caníbal, dijo C.T.

Fue entonces cuando éste reparó en la canasta que el hombre llevaba en su mano derecha. Estaba repleta de boniatos y mazorcas de maíz. El africano continuaba sonriendo, e intuyendo que no pretendía hacerles daño, C.T. le devolvió la sonrisa y apuntó a la cesta con su dedo. Luego se palpó el estómago para dar a entender que estaba hambriento; el hombre pareció comprender, dio unos pasos hacia adelante y le entregó varias mazorcas de maíz y algunas batatas.

—Gracias, dijo C. T. mientras las recogía, aunque sabía que su interlocutor no entendería lo que estaba diciendo.

C.T. no quería aceptar las verduras sin más y deseaba pagar por ellas, pero ni él ni Alfred tenían dinero encima, y se preguntó qué podían dar al africano a cambio. Fue en ese momento cuando observó los botones de sus pantalones.

—¿Por qué tendrán los pantalones tantos botones? le preguntó a Alfred.

Su compañero lo miró desconcertado, al no entender qué tenía que ver la pregunta con su situación actual.

—Te lo diré, para dárselos a un caníbal desnudo.

Dicho lo cual, se arrancó seis botones del pantalón y se los entregó al hombre.

Una amplia sonrisa se dibujó en su rostro, y sus puntiagudos dientes destellaron con la luz del sol. De repente, el hombre hizo señas a los dos misioneros para que lo siguieran mientras se adentraba en la jungla. Los dos ingleses se miraron y le siguieron.

Una hora más tarde llegaron a otro claro en la jungla en el que se encontraba un pequeño poblado.

—¿Crees que es una trampa y que nos van a matar y a comer? preguntó Alfred mientras se acercaban a la pequeña aldea.

—No, no lo creo, aseveró C.T. con voz tranquila. Estamos demasiado delgados y nuestra carne es muy dura para que nos coman. Tiene opciones más tiernas y apetitosas en la fauna de la selva.

El hombre hizo un ademán para que se sentaran al lado de un fuego próximo a una de las chozas de paja. Una vez se hubo cerciorado de que estaban cómodos, colocó las batatas y las mazorcas de maíz entre las brasas del fuego. Media hora después las retiró y se las sirvió a sus invitados. A continuación, trajo carne cocinada del interior de la choza y también se la sirvió. Los dos misioneros hambrientos comenzaron a engullir la carne y las verduras.

—Las batatas y el maíz están cocinadas a la perfección, musitó Alfred. Y la carne está tierna y sabrosa. Me pregunto de qué animal es.

—En una aldea caníbal no me parece una pregunta pertinente, comentó C.T. secamente.

Su anfitrión sonreía sentado mientras ellos comían.

—Imagínate si la gente en Inglaterra pudiera vernos ahora, dijo Alfred.

—Sí, no se lo creerían, respondió su compañero.

Mientras masticaba la mazorca de maíz, recapacitó sobre el comentario de Alfred. C.T. procedía de una familia privilegiada. Había estudiado en las mejores escuelas de Inglaterra y había sido el mejor jugador de críquet[4] del país. Miles de personas venían a verlo jugar. ¿Podrían imaginar quienes lo vieron jugar que su ídolo de críquet acabaría un día almorzando con caníbales en una selva en pleno corazón de África? Incluso para él era difícil de creer. Su vida había dado un giro insospechado con respecto a lo que él mismo había imaginado que sería. ¡Si la gente en casa pudiera verlo ahora!

4 Críquet: Juego semejante al béisbol, que se practica entre dos equipos de once jugadores cada uno en un campo de césped, y cuyo objetivo es conseguir todas las carreras posibles tras batear la pelota.

Capítulo 2

Un fanático religioso

En el cuadrángulo de Eton College, una escuela secundaria, C.T. Studd se quedó hablando con varios de sus amigos.

—Asombroso. ¡Los tres entre los 11 titulares!, exclamó Cecil Polhill-Turner. ¡Cuidado con los hermanos Studd! 1877 va a ser nuestro mejor año. ¡Vamos a ganar a Harrow!

C.T. se rió.

—Vamos a necesitar más que nosotros tres para tener un gran equipo de críquet, y daremos lo mejor de nosotros mismos. Apenas puedo esperar para decírselo a papá.

Edward Studd sería el hombre más orgulloso de Inglaterra, C.T. estaba seguro de ello. Sus tres hijos mayores, Kynaston, de 19 años, también conocido como Kinny; George, de 18, y Charles Thomas, de 17, pero a quien todos llamaban C.T., formaban parte del principal equipo de críquet de Eton College. Su padre era un amante del deporte en general, pero especialmente del críquet y las carreras de caballos. Uno de sus caballos, Salamander, incluso habían ganado el Gran premio nacional de Inglaterra.

—Aquí viene Kinny, dijo Cecil con admiración.

Kinny Studd caminaba hacia el grupo con el ademán de alguien que acaba de enterarse de que iba a ser el capitán del equipo deportivo más popular del campus. Portaba una carta en la mano.

—Hola, dijo, mientras alborotaba el cabello de su hermano menor. Tengo una carta de papá. Dice que quiere reunirse con los tres en Londres este fin de semana. ¿Tienen tiempo?

C.T. asintió con la cabeza.

—¿Dice por qué quiere vernos?

—No, respondió Kinny. Supongo que quiere celebrarlo con nosotros, probablemente nos llevará al teatro o a escuchar a los Christy Minstrels (grupo musical).

—Me parece genial, comentó C.T. Me gustaría saber quién le dio la gran noticia.

Los muchachos hablaron durante algunos minutos más antes de separarse. C.T. regresó a la habitación que compartía con sus dos hermanos. Su primer objetivo era asegurarse que su sirviente tuviera la ropa de domingo lista para el viaje del fin de semana. Los Studd eran una de las familias más ricas de Inglaterra, y al Sr. Studd le gustaba que sus hijos vistieran impecablemente en todo momento.

Llegó el sábado, y los tres hermanos subieron a un tren con destino a la estación de Paddington, donde habían acordado encontrarse con su padre, que los estaría esperando en el andén. Aunque tenía 56 años, Edward Studd parecía más animado que nunca, y saludó a los muchachos tan pronto como los divisó a través de la ventana del vagón.

—Entonces, ¿a dónde nos llevas? preguntó C.T., una vez el padre terminó de saludar a cada uno de los hijos.

—Oh, ¿no lo mencioné en la carta? Vamos a Drury Lane para presenciar una actuación muy especial. Estoy seguro de que les resultará fascinante.

—¿Por qué? ¿Qué nos llevas a ver? inquirió Kinny, pero su padre simplemente les hizo señas para que lo siguieran a través de la estación, atestada de gente, hasta acceder al carruaje que los esperaba fuera.

Mientras caminaban, C.T. trató de pensar en quién podría haber cautivado la atención de su padre hasta el punto de olvidarse felicitar a sus hijos por haber sido elegidos para el once titular del equipo de críquet.

Cuando el carruaje dobló una esquina cerca de Drury Lane, C.T. se quedó en estado de shock al ver los enormes carteles que anunciaban, «Vengan a escuchar a Dwight L. Moody e Ira Sankey».

George se inclinó y susurró a C.T., «No puedo creerlo ¿Crees que papá se ha vuelto religioso?

Como si tratara de responder a la pregunta, Edward Studd se aclaró la garganta y habló.

—Tengo algo muy importante que decirles. Desde que estuvimos juntos el verano pasado, he experimentado un cambio en mi corazón. Mi querido amigo el Sr. Vincent y su familia vinieron a pasar unos días, y lo encontré muy diferente del hombre que había conocido en la India durante tantos años. Me invitó a ir con él al Teatro Drury Lane para escuchar a dos estadounidenses, Moody y Sankey. Yo no estaba interesado en ir, pero le había dicho que eligiera dónde quería que fuésemos esa noche, y ahí es donde quería ir. En cualquier caso, fuimos, y debo admitir que lo que dijo Moody tenía más sentido que lo que le había escuchado decir a cualquier otro hombre antes. No me avergüenza admitir que volví noche tras noche hasta que me convertí completamente.

Se hizo un silencio sepulcral, finalmente quebrado por la voz de Kinny.

—¿Convertí completamente? ¿Quieres decir que te has convertido en... en un fanático religioso?

C.T. miró a su padre y vio una gran sonrisa en su rostro.

—¡Ya verás cuando tú también lo experimentes!, respondió el Sr. Studd. No hay nada en el mundo que se pueda comparar con conocer a Jesucristo. Desde que tomé la decisión de recibirle en mi corazón, mi vida es otra. Mi pasión por las carreras de caballos se ha disipado, y apenas tengo tiempo para practicar el tiro. No van a conocer la casa. He limpiado el salón grande y he traído sillas y bancos. Todo tipo de personas, desde comerciantes a socios comerciales y sirvientes, todos vienen a escuchar predicadores en la casa. ¡Es maravilloso!

—¿Y mamá?, dijo George medio atragantado.

—Ella también se ha convertido y está de acuerdo conmigo. ¡Nunca había sentido tanta alegría en toda mi vida! Jesús es la respuesta, muchachos. De eso estoy seguro. Él es la respuesta a todas las preguntas de la vida.

C.T. inclinó la cabeza para evitar cruzar la mirada con alguno de sus hermanos. ¿Cómo contendrían la risa si eso sucediera? ¿Su padre, el sagaz hombre de negocios que había amasado una fortuna en la India de joven, y que regresó a Inglaterra para vivir una vida de comodidad, convertido en un fanático cristiano? Era un acontecimiento demasiado inesperado para asimilarlo. C.T. hubiera deseado una advertencia previa para tratar de hacerse a la idea.

—Vamos, dijo el Sr. Studd con tono alentador mientras el carruaje se detenía frente al teatro. Escuchad a

Moody por vosotros mismos. Cuando concluya, los llevaré a casa a cenar y pueden hacerme todas las preguntas que quieran.

La casa a la que se refería Edward Studd estaba ubicada en la zona de moda de Hyde Park Garden. El Sr. Studd había comprado la vivienda algunos años antes, para tener un lugar donde quedarse cuando vinera a Londres a comprar y apostar a los caballos. C.T. habría dado cualquier cosa por estar en la casa en ese momento, hablando de historias de críquet con su padre. En cambio, él y sus hermanos siguieron a su padre por el pasillo. La audiencia ya estaba cantando himnos, ninguno de los cuales era familiar. Como todo muchacho inglés bien educado, C.T. había ido a la iglesia todos los domingos de su vida, pero estos no eran los himnos anglicanos tradicionales a los que estaba acostumbrado.

Los himnos no eran el único elemento chocante. Cuando Dwight Moody subió a la plataforma y comenzó a hablar, C.T. se dio cuenta de que nunca antes había visto a alguien predicar con tamaño entusiasmo y convicción. Escuchó atentamente a Dwight L. Moody, pero le resultaba difícil imaginar por qué su padre encontraba todo eso tan emocionante. A pesar del entusiasmo y convicción de Moody, a él todo aquello le sonaba a un galimatías[1] religioso, y estaba ansioso por abandonar el insólito entorno en el que se encontraba.

Una vez concluido el servicio, el Sr. Studd solicitó un carruaje para llevarlos a la casa a cenar. La conversación en torno a la comida fue más bien unilateral. Los tres hermanos tuvieron la misma reacción ante la nueva exuberancia religiosa de su padre: no querían saber nada más al respecto.

---

1 Galimatías: Lenguaje oscuro por la impropiedad de la frase o por la confusión de las ideas.

Por nada del mundo podría C.T. haber imaginado aquel momento. Mientras tomaban el postre, el Sr. Studd les dijo que había decidido quedarse con cuatro caballos, uno para él y otro para cada uno de ellos, y vender el resto, ya que había perdido el interés en la cría de caballos de carreras y en las apuestas hípicas.

—Hablé con Moody al respecto, mencionó el Sr. Studd, y me dijo que Dios me daría almas y que tan pronto como hubiera ganado un alma, no me importaría ninguna otra cosa. ¿Y sabéis qué? Él tenía razón. Tan pronto como gané mi primer converso, dejaron de importarme las carreras o ganar dinero. ¿No es maravilloso?

Se hizo un silencio sepulcral.

A la semana siguiente los tres hermanos asistieron contentos a la capilla en Eton. Todo parecía tan normal después del extraño encuentro religioso del fin de semana anterior.

Con el transcurrir de las semanas, C.T. trato de olvidar la conversión de su padre, pero en el fondo sabía que tendría que ir a casa a pasar el verano y afrontar las reuniones religiosas que celebraba su padre en la residencia familiar en Tedworth todos los fines de semana. Lentamente, a medida que se difundía la noticia por Eton de que el Sr. Studd se había convertido, muchos de los compañeros de C.T. le ofrecieron su compasión. No podían imaginar nada peor que tener un padre evangélico.

Afortunadamente, él y sus hermanos tenían la afición por el críquet para ayudarles a desviar su atención de semejante infortunio. Eton no solo derrotó a su archirrival, Harrow, con los hermanos Studd en el equipo, sino que en uno de los partidos Kinny anotó

52 carreras, C.T. 53 y George 54. Fue una victoria sin parangón[2].

El verano llegó inexorablemente y C.T. y sus hermanos empacaron sus pertenencias en baúles y emprendieron el viaje de regreso a casa. Tedworth House, con sus enormes y blancas columnas y su exterior cóncavo de dos pisos, aparecía tan imponente como de costumbre, pero por primera vez, C.T. se sentía inquieto antes de entrar. Efectivamente, como les había dicho su padre, el salón de baile con piso de mármol se había equipado con sillas y bancos, y los himnarios y las Biblias estaban apilados junto a la puerta.

El Sr. y la Sra. Studd saludaron efusivamente a sus hijos, mientras los tres hermanos menores de C.T., Peter, Herbert, y Reginald, y su hermana pequeña, Dora, se aglomeraban para dar la bienvenida a los chicos «grandes» de la casa. Los hermanos menores hablaban sobre algunos de los eventos que habían planeado para el verano: excursiones, partidos de críquet y partidas de caza, pero sobre todo hablaban de las reuniones del fin de semana que congregaban a varios cientos de personas. C.T. sintió un escalofrío al pensar en sus amigos de la infancia y sus familias siendo invitados a dichas reuniones.

Las cosas se torcieron desde el principio. C.T. intentó evitar a su padre lo mejor que pudo. Cada vez que estaban juntos, Edward Studd desviaba la conversación hacia temas religiosos y a menudo le preguntaba si quería ser salvo. Incluso entró en la habitación de su hijo durante la noche para sentarse en el borde de la cama y explicarle todas las maravillas que conllevaba la conversión al cristianismo. Pero a C.T. todo aquello le parecía demasiado hasta el punto de sentirse acosado en su propia casa. A menudo,

2 Parangón: Comparación o semejanza.

cuando escuchaba a su padre entrar en su habitación por la noche, fingía estar dormido, y se escabullía por la casa, cerciorándose antes de que su padre no estuviera en la habitación a la que pretendía entrar.

Los fines de semana, cuando la casa estaba repleta de cristianos, eran lo peor de todo. Los invitados cantaban, y no solo en las reuniones, sino en cada momento. En ocasiones C.T. los oía cantar y hasta orar en el jardín o el comedor. Hablaban de Jesucristo y de poco más, hasta que él y sus hermanos no aguantaron más.

La gota que colmó el vaso fue cuando cierto Sr. Weatherby, un hombre enjuto[3] y serio, llegó para predicar el fin de semana. Los tres hermanos mayores decidieron que había llegado la hora de pasar a la acción. ¡El viejo Weatherby, como le llamaban, se tenía que marchar!

—He visto al viejo Weatherby a caballo, dijo un confiado C.T. a sus hermanos el sábado por la mañana, y no es un gran jinete. Preguntémosle si quiere venir con nosotros a dar un tranquilo paseo. Él puede montar el caballo de papá. Empezaremos lentamente y luego pondremos nuestros caballos a galopar. El caballo de papá no podrá resistir, y veremos ¡cuánto aguanta el viejo Weatherby en la silla!

Todo salió según lo planeado. Kinny, George y C.T. sacaron sus caballos del establo y esperaron a que el Sr. Weatherby montara el cuarto caballo. C.T. llevaba en la sangre montar a caballo. De hecho, todos los varones de la familia Studd habían montado a caballo desde que podían recordar. Su madre los ataviaba con trajes de montar rojos a juego, y su padre los ataba a la silla de montar. Cada niño había aprendido a saltar sobre el caballo antes de su sexto cumpleaños.

3 Enjuto: Parco y escaso, tanto en obras como en palabras.

Pronto los cuatro jinetes cabalgaban apaciblemente por los campos aledaños a Tedworth House. Era uno de los paisajes predilectos de C.T., especialmente las ovejas pastando perezosamente entre los setos. Los tres muchachos comenzaron lentamente, y en cierto momento C.T. levantó una ceja y les hizo señas para que galoparan. Miró hacia atrás para ver el rostro sobresaltado del Sr. Weatherby cuando su caballo salió al galope tras los otros tres caballos. El anciano predicador se aferró a la silla con una sombría mirada de determinación en el rostro.

Los caballos de los muchachos galoparon más rápido, saltando sin esfuerzo sobre el cercado, pero el predicador se mantuvo inmediatamente detrás de ellos. Hicieron un nuevo salto y luego otro, pero el viejo Weatherby permaneció erguido sobre su montura. Finalmente, los muchachos aminoraron el trote de sus caballos, y el Sr. Weatherby se acercó a ellos. C.T. esperaba que estuviera furioso, pero simplemente se limitó a decir con una sonrisa:

—Qué buen día para dar un paseo, ¿verdad?

Por primera vez C.T. se sintió un poco avergonzado de la pesada broma que él y sus hermanos habían gastado al invitado de su padre. Pero el sentimiento no le duró mucho, y pasó el resto del día evitando al Sr. Weatherby, hasta que al atardecer, al doblar una esquina de la casa, se encontró cara a cara con él.

—¿Puedes dedicarme unos minutos? preguntó el Sr. Weatherby.

Lo último que le apetecía a C.T. era estar a solas con el viejo Weatherby, pero sentía que le debía un poco de cortesía después de la mala pasada que le habían jugado esa mañana.

—Tengo un poco de tiempo, respondió.

—Bien, replicó el Sr. Weatherby. ¿Por qué no nos sentamos en estas sillas y conversamos.

C.T. se sentó obedientemente, y el viejo Weatherby preguntó de inmediato.

—¿Eres cristiano?

C.T. se sintió acorralado. No sabía qué decir. Después de un largo silencio, respondió como mejor pudo.

—No soy lo que usted consideraría un cristiano. Pero he creído en Jesucristo desde muy pequeño.

Y tratando de no mirar al Sr. Weatherby a los ojos, prosiguió:

—Y por supuesto, también creo en la iglesia, esperando que eso fuera suficiente para satisfacer a su interlocutor, pero se equivocaba.

—Mira aquí, C.T. Porque de tal manera amó Dios al mundo, que ha dado a su Hijo unigénito, para que todo aquel que en él cree, no se pierda, mas tenga vida eterna. ¿Crees que Jesucristo murió?

C.T. vaciló por un momento. No quería caer en una trampa, pero decidió responder lo más honestamente posible.

—Sí, lo creo.

—¿Crees que Jesucristo murió por ti?

—Sí, balbuceó C.T.

—Bien. ¿Y crees en la otra mitad del versículo, que tendrás vida eterna?

—No exactamente. Lo encuentro muy difícil de creer, respondió C.T.

—¿No piensas que es inconsistente creer en la mitad del versículo pero no en la otra mitad? inquirió el Sr. Weatherby.

—Supongo que sí.

—¿Y piensas ser inconsistente en todo lo que crees?

—No siempre. Algún día lo solucionaré, contestó el muchacho.

—¿Y por qué no hoy? ¿Ahora?, insistió el anciano predicador.

Al considerarlo, C.T. se dio cuenta de que era un pregunta razonable. ¿Cómo podía creer que la mitad de un versículo de la Biblia era verdad pero no la otra? Suspiró y dijo:

—Supongo que estoy listo para ser consistente en lo que creo.

—¡Maravilloso! No ves que la vida eterna es un regalo. Y si alguien te ofrece un regalo en Navidad ¿qué haces?

El Sr. Weatherby no esperó la respuesta; palmeó a C.T. en la espalda y continuó.

—Lo aceptas y dices gracias, ¿no? Entonces, ¿por qué no recibes el regalo de la vida eterna y das gracias a Dios por el?

Dicho así, tenía sentido, y dado que estaban solos, C.T. se arrodilló y musitó su agradecimiento a Dios.

Para su sorpresa, cuando se puso de pie, C.T. se sentía muy diferente, alegre y liviano. El Sr. Weatherby conversó con él durante unos minutos más sobre orar y leer la Biblia regularmente, y después se separaron.

Al alejarse en dirección a la cancha de críquet, sacó dos conclusiones: la primera, que ser cristiano, después de todo, no era tan horrible; y la segunda, que por nada del mundo le contaría a nadie lo que había hecho.

Capítulo 3

Una estrella del críquet

De regreso en Eton, C.T. Studd se sentó a desayunar con sus dos hermanos. C.T. había mantenido su promesa, salvo una excepción, de no decirle a nadie que se había convertido al cristianismo. Cuando volvió a Eton, escribió una carta a su padre, con la palabra «Privado» estampada en el sobre, en la cual le comentaba su conversión esperando que al leerla, se alegrara.

Esa mañana el sirviente trajo una misiva y se la entregó a Kinny. La carta estaba dirigida a los tres hermanos; Kinny fue el primero en leerla. Sin decir una palabra, se la entregó a George, quien a su vez la leyó en silencio y luego se la pasó a C.T.

Cuando C.T. concluyó, apenas podía dar crédito a lo que había leído. Su padre felicitaba a cada uno de sus vástagos por convertirse al cristianismo el mismo día, ¡cada uno como resultado de una conversación con el Sr. Weatherby!

C.T. miró a sus hermanos, que parecían tan sorprendidos como él. Evidentemente, cada uno había tomado la misma decisión de no decirle a nadie lo que había hecho.

—Se acabó el secreto, ¿no?, dijo Kinny riéndose. ¿Era en serio cuando hablaron con el viejo Weatherby?

—Sí, contestó C.T. Simplemente pretendía que nadie lo supiera. Ya sabes como es papá con estos temas últimamente.

—Yo pienso igual, coincidió George. He estado leyendo la Biblia y orando todos los días, y debo decir que los servicios religiosos de la capilla tienen ahora más sentido para mí.

—Vaya, vaya... pues lo mismo me pasa a mi, dijo Kinny. ¡Casi no lo puedo creer! He estado orando por los dos y resulta que ya son cristianos.

Los tres hermanos conversaron durante el desayuno, maravillándose de cómo se habían convertido a Jesucristo el mismo día después de resistirse durante casi un año. También decidieron iniciar un grupo de estudio bíblico con algunos de sus amigos más íntimos.

Las cosas marchaban bien para C.T. Dedicaba la mayor parte de su tiempo al críquet, pero iba al estudio bíblico que dirigía Kinny. Y en casa todo era más fácil ahora que el Sr. Studd estaba satisfecho con el rumbo que habían tomado las vidas de sus hijos.

Al final del año, Kinny se marchó a Trinity College en Cambridge, y al año siguiente George se unió a él, quedándose C.T. solo en Eton, donde le habían designado como capitán del equipo titular de críquet.

Durante el curso escolar 1879–1880, C.T. participó en todo tipo de deportes. Era un atleta por naturaleza, y consideraba que su participación en distintas disciplinas deportivas sería beneficiosa para el críquet. Era particularmente bueno con la raqueta, así que representó con éxito a Eton en el tenis.

Llevaba una «buena vida» dentro de lo posible, pero sin el apoyo de sus hermanos, C.T. dejó de ir a los estudios bíblicos, y el gozo que una vez sintió, se había ido difuminando paulatinamente. Pero estaba tan ocupado que apenas lo percibía.

Un día de noviembre de 1879 el director del colegio lo llamó a su oficina. Mientras llamaba a la puerta, se preguntó qué podría haber pasado para que tuviera que abandonar la clase de Latín. No tardó en averiguarlo. ¡Su padre había muerto! El director ya había solicitado un carruaje para que le llevara a su hogar. Todo sucedió muy repentinamente para poder asimilarlo. La última vez que había visto a su padre gozaba de excelente salud. Durante el trayecto de regreso a Tedworth House, C.T. caviló sobre lo que podría haber sucedido. Una vez en casa, se enteró de los detalles por su madre.

—Típico de tu padre, comenzó su madre mientras enjugaba sus lágrimas con un pañuelo. Íbamos camino a una reunión misionera anoche, y detuvo súbitamente el carruaje. Me dijo que se había olvidado de invitar a uno de los mozos[1] a que viniera con nosotros. Traté de convencerle que podíamos invitarlo a la próxima reunión, pero insistió en que el carruaje continuara mientras él regresaba a la casa. Encontraría al mozo, y los dos irían a la reunión a caballo. No llegó a la reunión, y cuando llegué a casa, lo encontré acostado en el sofá. Aparentemente había corrido todo el camino a casa y se rompió un vaso sanguíneo en la pierna. Llamé al médico, por supuesto, pero era poco lo que podía hacer, y tu padre murió esta mañana.

---

1 Mozo: Persona que sirve como criado, en especial la destinada a un menester determinado. Mozo de cuadra. Moza de mesón.

C.T. puso su brazo alrededor de su madre, pero no sabía qué decir para consolarla.

Al día siguiente, en el funeral, el reverendo dijo a los asistentes que el Sr. Studd había hecho más por la obra de Dios en los dos años que había sido cristiano que la mayoría de los cristianos en veinte años. Sin embargo, en opinión de C.T., el cochero fue quien mejor expresó la transformación de su padre: «Cuando el Sr. Studd se hizo religioso, no entendíamos mucho excepto que aunque exteriormente era el mismo, en su interior había un hombre nuevo».

La familia estaba agradecida de que Edward Studd dejó un testamento claramente redactado que especificaba que cada uno de sus hijos heredaría una gran suma de dinero cuando cumpliera veinte años. Como hijo mayor, Kinny heredó el patrimonio familiar, con la condición de que su madre pudiera vivir en la casa de Hyde Park hasta su muerte.

Una semana después del funeral, C.T. regresó a la escuela para terminar su último año en Eton. Aún le resultaba difícil creer que su padre había muerto. Todo había sucedido tan rápido.

Como sus dos hermanos mayores, al concluir su ciclo en Eton, se matriculó en el Trinity College de Cambridge, donde fue inmediatamente reconocido por su potencial como gran jugador de críquet. En su primer año recibió el distintivo azul, un honor conferido a quienes demostraban gran habilidad en el deporte, y jugó en el segundo equipo de críquet. Su juego siguió mejorando, y en su segundo año C.T. se unió a Kinny y George como jugador del primer equipo.

Los hermanos formaban un trio imparable. En un partido los tres hicieron 249 de las 504 carreras anotadas por el equipo de Cambridge. C.T. resultó ser el más prometedor de los tres hermanos, y en otra ocasión anotó 267 de las 362 carreras.

En 1882 los tres hermanos jugaron de nuevo en el equipo de críquet de Cambridge. Ese mismo año el equipo australiano de críquet realizó su tercera visita a Inglaterra. Los australianos tenían un equipo muy potente, y habían ganado todos sus partidos preparatorios previos al partido de prueba frente a la selección inglesa.

Antes de que se jugara dicho encuentro, el capitán del equipo australiano inquirió sobre la posibilidad de jugar un partido contra el primer equipo de Cambridge. La mayoría de la gente, incluido el presidente del Cambridge Cricket Club, pensó que era una idea terrible. Si los australianos habían vencido a todos los equipos a los que se habían enfrentado hasta ese momento, ¿qué no le harían a un equipo universitario? Si el equipo de Cambridge accedía a jugar, todos vaticinaban que serían humillados por el poderoso conjunto colonial. A pesar de los recelos, el equipo de Cambridge accedió y el partido se programó.

Era un lunes límpido y soleado cuando los dos equipos salieron al campo ante la gran multitud se había dado cita para ver el partido. Los australianos batearon primero, y cuando sus dos primeros bateadores comenzaron a anotar carrera tras carrera, los aficionados allí presentes veían como sus peores augurios iban camino de cumplirse: Cambridge sería derrotado con rotundidad por los australianos.

C.T. fue uno de los primeros jugadores en entrar en acción por Cambridge, e hizo todo lo posible para eliminar a los bateadores australianos, pero éstos golpeaban casi cada pelota que les lanzaba. Repentinamente, cuanto todo parecía estar perdido para Cambridge, uno de los bateadores australianos no pudo contactar de lleno con la pelota lanzada por C.T. y ésta, tras impactar con el lateral del bate, salió desviada hacia un lado y fue atrapada por uno de los jugadores de Cambridge. Era el primer bateador australiano eliminado. Ya solo quedaban otros nueve bateadores por eliminar para concluir esa fase del partido. Para sorpresa de todos, la eliminación del resto de los bateadores no tomó mucho tiempo, y Australia se quedó con solo 139 carreras.

Era el turno de batear de Cambridge. Kinny y George batearon primero. Kinny fue eventualmente eliminado y a continuación otros dos bateadores de Cambridge. Por fin le llegó el turno de batear a C.T., quien se unió a George en el campo, y entre los dos anotaron la mayor parte de las carreras de Cambridge.

El partido se reanudó el martes ante una multitud incluso más numerosa que la del día anterior. Australia comenzó a batear en la segunda entrada, anotando 290 carreras. Lo cual obligaba a Cambridge a anotar 164 carreras para ganar el partido. Kinny y George fueron una vez más los primeros bateadores, consiguiendo 106 carreras entre ambos antes de que George cayera eliminado. Finalmente le llegó el turno a C.T., quien consiguió 15 carreras, incluida la del triunfo. Cambridge había conseguido lo que nadie pensó que fuera posible: derrotar al formidable equipo australiano.

El prestigioso libro *Lillywhite's Cricket Record* glosó[2] así la proeza de C.T.: «Muy pocos jugadores tienen un estilo tan depurado en: el movimiento de piernas y brillante desplazamiento del bate, un golpe de muñeca poderoso en la posición de punta, un bate firme y una determinación de acero que lo convierten en un formidable bateador cuyos compañeros se alegran cuando está en el campo».

2 Glosó: Comentar palabras y dichos propios o ajenos, ampliándolos.

Aunque C.T. cursaba su tercer año universitario, estaba considerado como parte de la élite de su deporte; un jugador joven que podía superar a jugadores aficionados y profesionales por igual. Sin embargo, aún le sorprendía, y encantaba, haber sido invitado a formar parte de la Selección Nacional inglesa de Críquet que se enfrentaría en partido amistoso al combinado australiano.

Los críticos deportivos catalogaron al equipo como uno de los mejores de Inglaterra y 20.000 personas asistieron al Oval de Londres para presenciar el partido. Fue un encuentro muy reñido, y a su conclusión, Australia había vencido a Inglaterra en cricket por primera vez en su historia.

Mientras los australianos celebraban, la tristeza se apoderó de muchos aficionados ingleses. Después del partido, el periódico *Sporting Times* publicó el siguiente epitafio sobre el críquet inglés:

«En recuerdo afectuoso del críquet inglés, que falleció en el Oval el 29 de agosto de 1882, con profunda tristeza de un gran círculo de amigos afligidos por la pérdida. Descanse en paz. Nota: El cuerpo será incinerado y las cenizas transportadas a Australia».

A pesar de la derrota, C.T. Studd se convirtió en un hombre muy popular en Inglaterra. En Cambridge todos le felicitaban e invitaban a las fiestas más populares. Y aquel invierno, él y George fueron llamados a la selección inglesa que viajaría a Australia para disputar una serie de partidos amistosos.

Era su primer viaje fuera de Inglaterra, y C.T. disfrutó cada minuto del largo viaje en barco a Australia. Una vez allí, los ingleses y los australianos jugaron tres partidos, y con un juego brillante por parte de C.T., los ingleses se impusieron en dos de ellos.

Mientras el equipo inglés se preparaba para abordar el barco que les llevaría de vuelta a casa, un grupo de mujeres de Melbourne llegó al puerto para hacer una pequeña ceremonia. Habían depositado algunas cenizas en un pequeña urna de plata, que le entregaron al capitán del equipo inglés. Mientras le daban la vuelta a la urna, anunciaron que los ingleses habían ganado el derecho a recuperar sus «cenizas», pero deberían tener cuidado la próxima vez, ya que los australianos tenían intención de recuperarlas.

Todos exclamaron de júbilo cuando subieron la urna a bordo del barco, y un reportero telegrafió la noticia a Inglaterra. Cuando la nave atracó en Londres, una multitud esperaba al equipo, y reclamaban ver las cenizas reconquistadas con tanto esfuerzo. Ese fue el génesis de un larga tradición entre Australia e Inglaterra, que se juegan el honor de retener las cenizas en cada partido.

A esas alturas a él le era imposible ir a cualquier parte sin ser reconocido y tener que firmar autógrafos. C.T. capitaneó el primer equipo de críquet de Cambridge en su último año, y el equipo disfrutó de otra temporada triunfadora.

The Cricketing Annual glosó su labor en el campo con estas palabras: «C.T. Studd debe recibir por segundo año consecutivo la máxima distinción como el jugador de cricket más completo, y hace ya algunos años que este honor no ha recaído en un jugador tan excelente en los tres departamentos del juego. Su bateo, en particular, ha sido impecable».

Después de aprobar los exámenes finales y obtener su licenciatura, dejó la universidad para instalarse en Londres. Allí pensaba disfrutar y prepararse para otra temporada con el equipo inglés de críquet. De hecho, tenía la intención de jugar durante varios años. C.T. imaginaba un futuro pleno de fama y comodidad. Con lo que no contaba era con una grave enfermedad.

Capítulo 4

Los siete de Cambridge

«Me temo que no hay mucho más que podamos hacer por él, excepto aliviarle el dolor. No creo que se recupere de la enfermedad», dijo el médico mientras cerraba de golpe su maletín. A continuación, en un tono más suave, se volvió hacia la señora Studd. «Es un joven fuerte. Solo nos queda orar por un milagro».

C.T. volvió la cabeza para no ver a su madre llorar. Lo cierto era que él mismo deseaba llorar. ¿Cómo podía George estar muriéndose? No parecía posible ni justo, pero su hermano yacía inconsciente en la cama. La enfermedad, un caso grave de neumonía, le había sobrevenido repentinamente, y el galeno[1] nada podía hacer para salvarlo.

C.T. permaneció hora tras hora sentado al lado de la cama de George. Rememoró los grandes momentos que había compartido junto su hermano, cuando derrotaron a los australianos jugando con el equipo

1 Galeno: Médico (persona autorizada para ejercer la medicina).

de Cambridge y el viaje a Australia para recuperar las cenizas. Pero ¿de qué le sirven a George ahora? se preguntó. ¿Qué valor tienen la fama y la adulación? ¿De qué vale pasarse la vida en pos de renombre y riqueza, si al final mueres y tienes que responder ante Dios por cómo has vivido? Esto me podría haber pasado a mi, y ahora sería George quien me secara la frente ¿Qué pasaría si me muriera ahora? ¿Adónde iría?

Estas preguntas le perturbaban. Era consciente de que a pesar de haber aceptado a Cristo hacía ya seis años, su vida seguía girando en torno al críquet. Y aunque había cumplido su objetivo y era el jugador de críquet más famoso de Inglaterra, todo eso le parecía ahora una banalidad. No, C.T. resolvió mientras veía a George gorgotear y jadear para conseguir respirar, el críquet no perduraría, ni la fama, nada en el mundo perduraría.

Al tercer día de vigilia junto al lecho de su hermano, observó con asombro cómo George abría los ojos y emitía un gruñido. Era el inicio del largo y lento viaje de regreso desde el precipicio de la muerte a la vida.

Estaba tan agradecido al pensar que Dios había salvado la vida de su hermano, que cuando escuchó que Dwight Moody estaba en Londres, se prometió ir a escucharlo tan pronto como pudiera.

Una lluviosa noche de noviembre de 1883, C.T. se sentó en la parte trasera del auditorio donde Dwight Moody predicaba. Incluso antes de que el conocido predicador se pusiera en pie para hablar, las lágrimas brotaron de sus ojos. C.T. inclinó la cabeza y pidió perdón a Dios por haberse dejado atrapar por los intereses mundanos en lugar de ocuparse de lo que tenía valor eterno.

Al concluir la reunión sintió un fuego en su alma. Cuando oró con el Sr. Weatherby se había sentido demasiado avergonzado de decirle a la gente lo que había hecho. Esta vez su corazón rebosaba de emoción. Organizó una reunión con sus compañeros del equipo de críquet y les invitó para que lo acompañen a escuchar a Moody. Muchos de ellos fueron, incluido el capitán del equipo, Ivo Bligh, y uno de sus mejores amigos, Alan Steel. Para deleite de C.T., ambos aceptaron a Jesucristo durante esas reuniones, lo cual le inspiró para invitar aún a más personas. En una semana hubo varios conversos más, y el mundo del críquet supo que C.T. Studd tenía nuevas prioridades en su vida.

En junio de 1884, las reuniones de Moody concluyeron, y C.T. se preguntó cual sería el siguiente paso. Tenía dinero más que suficiente hasta que llegara su vigésimo sexto cumpleaños, momento en el que heredaría dinero suficiente para vivir cómodamente el resto de su vida. Por lo tanto, no necesitaba fundar un negocio o tener una profesión. Paulatinamente sus pensamientos se tornaron hacia las miles de personas que morían todos los días sin haber oído nunca el evangelio. Los mejores años de su vida estaban por llegar, y decidió emplearlos sirviendo a Cristo, aunque no estaba seguro cómo.

Una noche, un amigo le dio un folleto escrito por un ateo en el que explicaba lo que haría si realmente pensara que el cristianismo era verdadero, como tantos ingleses afirmaban. C.T. comenzó a leerlo:

> Si creyera firmemente, como millones dicen creer, que el conocimiento y la práctica de la religión en esta vida influye el destino en la otra vida, la religión significaría todo para mí. Desecharía los placeres terrenales como escoria, las preocupaciones terrenales como locuras, y los pensamientos y sentimientos de este mundo como vanidad. La religión sería el primer pensamiento al despertarme,

> y la última imagen antes de que el sueño me transportara a la inconsciencia. Trabajaría exclusivamente por su causa. Pensaría sólo en el mañana de la eternidad. Estimaría un alma ganada para el cielo digna de una vida de sufrimiento... Me esforzaría por mirar sólo a la eternidad y a las almas inmortales a mi alrededor, a un paso de ser eternamente dichosas o por los siglos miserables. Iría al mundo y predicaría a tiempo y fuera de tiempo: PORQUE ¿QUÉ APROVECHARÁ AL HOMBRE SI GANA EL TODO EL MUNDO Y PIERDE SU PROPIA ALMA?

Aunque el tratado había sido escrito para avergonzar a los cristianos por su falta de compromiso, provocó el efecto inverso en C.T. ¡Quería hacer algo! Hasta entonces había contemplado predicar y enseñar en Inglaterra, pero de repente sintió que debía ir al extranjero, aunque no sabía dónde.

El sábado 1 de noviembre de 1884, Stanley Smith, un amigo y laureado remero de la universidad de Cambridge, le invitó a una reunión en la sede de China Inland Mission, sita en Pryland Road, Londres. Stanley, junto con Dixon Hoste y William Cassels, habían sido aceptados como misioneros y partirían para Shanghai antes de la Navidad. C.T. conocía a ambos. Dixon dejaba atrás un prometedora carrera en el ejército para dedicarse a las misiones. William, una vez se graduó en Cambridge, se había convertido a Cristo y había sido pastor en South Lambeth, uno de los barrios marginales más pobres de Londres.

Aquella noche predicaba un misionero, John McCarthy, que regresaba a China al día siguiente. El corazón de C.T. latió acelerado al escuchar a John narrar las aventuras vividas cuando atravesó China caminando desde Wuhan, en el este, hasta Birmania (Myanmar en la actualidad) en el oeste. Habló de los miles de chinos que perecían cada día sin conocer a Jesús Cristo.

Al final de la reunión, sintió el llamado a ir a China, pero decidió no decírselo a nadie por el momento. Pensó que otros lo podrían considerar como una decisión impulsiva, y además tenía a su madre viuda de quien preocuparse. A pesar de que el cristianismo había revolucionado su familia, C.T. pensó que su madre no estaría contenta de su marcha a China.

A lo largo de las dos semanas siguientes, oró como nunca antes lo había hecho. Al finalizar ese periodo, se sentía aún más convencido de que Dios lo estaba llamando a trabajar en China. Le comunicó la decisión a su madre tan gentilmente como pudo.

Como había intuido, su madre se horrorizó al escucharle. Su tío lo acusó de romper el corazón de su madre con tonterías, y otros miembros de la familia le imploraron que no tirara su vida por la borda. Incluso le enviaron obreros cristianos para que le explicaran cuanto trabajo había que hacer en Inglaterra. Incluso Kinny trató de disuadirle. La familia estaba alborotada, y C.T. odiaba bajar al salón, donde alguien inevitablemente estaría sollozando o preparándose para suplicarle que cambiara de opinión.

La noche en la que Kinny le preguntó si estaba orgulloso de romper el corazón de su madre fue la gota que colmó el vaso. Nada estaba más lejos de su ánimo que disgustar a su madre viuda y crear tensión en la familia.

—Oremos juntos, le sugirió a Kinny. No quiero ser terco, solo quiero hacer la voluntad de Dios.

Los dos hermanos oraron por la situación, aunque ninguno cambió de parecer.

Esa noche C.T. permaneció despierto durante largo tiempo, orando que Dios le diera paz. Mientras oraba, oyó las palabras: «Pídeme y te daré por herencia las naciones, y como posesión tuya los confines de la tierra». Eso fue suficiente para él. Se levantó a la mañana siguiente con la seguridad de que Dios lo estaba llamando a China. Y mientras estuviera seguro de eso, todo lo demás palidecía en comparación. Decidió vivir para la eternidad, sin tomar en cuenta el costo en términos de lazos familiares o de la opinión pública.

Ahora que su decisión era definitiva, visitó a Hudson Taylor, fundador y director de China Inland Mission. A sus 52 años, Hudson Taylor se había convertido en una leyenda en los círculos misioneros. A pesar de haber perdido a su esposa y dos hijos en China, había continuado su labor misionera, haciendo viajes frecuentes a las regiones del interior y fundando una misión cuyo objetivo era evangelizar las ciudades y pueblos del interior.

C.T. congenió con Taylor desde el momento en que se conocieron. Taylor era un hombre directo a quien no le gustaba dar rodeos. No hizo promesas aparte de penalidades y privaciones, pero habló de la maravillosa bendición de predicar a personas que nunca habían oído el nombre de Jesucristo o el relato de la salvación. Cuando le comunicó que sentía el llamado de Dios a China, Taylor se alegró. Durante la conversación, Taylor mencionó que le gustaría aprovechar la popularidad de C.T. para desafiar a otros jóvenes sobre las necesidades de China. De manera que decidió postergar el viaje de Stanley Smith, Dixon Hoste y William Cassels a China para que se pudieran unir a C.T. en una gira de despedida por diversas universidades de Gran Bretaña.

Pronto se agregó otro miembro al grupo. Montagu Beauchamp, hijo de un barón y amigo de la infancia de los Studd. De hecho, su hermana y Kinny Studd acababan de anunciar su compromiso matrimonial. Montagu, o Monty, como todos le llamaban, era otro graduado de Cambridge y se sintió desafiado por la decisión de C.T. de servir a Dios en China. La familia Beauchamp era patrocinadora de China Inland Mission, pero hasta que C.T. anunció su plan de ir a China, Monty nunca había pensado en ser misionero. Ahora, ese pensamiento se había apoderado de su corazón, y se inscribió para ir con el grupo a China.

C.T. se quedó estupefacto al pensar que su decisión de ser misionero estaba influenciando a otras personas. Y aunque se ponía nervioso cuando hablaba en público y musitaba con frecuencia, le gustaba ser parte del equipo de jóvenes que pronto viajaría a China. Continuó orando para que su madre y su familia pudieran aceptar su partida.

A los pocos días de su reunión con Taylor, C.T. estaba inmerso en un torbellino de actividad. La China Inland Mission (CIM) organizó un viaje a Cambridge para C.T., Stanley, Dixon, William y Montagu. La noticia de que uno de los jugadores de críquet más famosos de Inglaterra, uno de los suyos, se marchaba a China causó un revuelo en el campus. Cientos de estudiantes acudieron a escuchar a C.T. dar sus razones de tal decisión.

Explicó su elección de la forma más sencilla posible. Cuando terminó de hablar, invitó a cualquiera que quisiera entregar su vida a Cristo o dedicarse a las misiones a venir al frente. No esperaba que vinieran muchos, porque sentía que sería difícil para los jóvenes hacer tal cosa frente a sus compañeros. Pero estaba equivocado. Tan pronto como hizo la invitación, un nutrido grupo se dirigió a la plataforma. Arthur Polhill-Turner, uno de sus más antiguos y mejores amigos, estaba entre ellos. Arthur confesó que Dios también lo había llamado a él y a su hermano Cecil a ir a China.

Arthur y Cecil visitaron a Hudson Taylor y en cuestión de días, siete jóvenes hacían sus preparativos para ir a China. Dado que todos, excepto Dixon Hoste, se habían graduado en la Universidad de Cambridge, la prensa los apodó como «Los siete de Cambridge» y siguió todos sus movimientos.

El grupo continuó su gira de despedida, viajando hasta Edimburgo. Dondequiera que iban, causaban sensación. Miles de personas acudían para escuchar por qué siete de los jóvenes más privilegiados en toda Inglaterra estaban dispuestos a «abandonar» todo para ser misioneros en un país distante.

Siempre que podía, C.T. escribía a su madre para mantenerla al tanto de la extraordinaria gira. En una de las cartas le decía: «La reunión ha sido grandiosa. Nos dijeron que nunca antes había ocurrido algo así. El lugar estaba abarrotado. Y la post-reunión fue igualmente fantástica. Daba la impresión de que una carga de dinamita hubiera explotado allí».

Cuando llegó a Liverpool, tomó su pluma estilográfica y redactó otra carta para su madre. «Espléndidas noticias. El fuego continúa ardiendo y más de 60 personas han profesado su conversión esta noche. Es difícil expresar lo mucho que nos ha bendecido el Señor... qué vida tan diferente a la anterior; el críquet, las raquetas y el tiro son insignificantes comparados con este gozo abrumador. Aprender más sobre las necesidades de todas las personas y sobre los pobres en Londres y en todas las grandes ciudades ha aumentado mi consternación por la lujosa vida que he llevado; tantos trajes y ropa de todo tipo, mientras miles mueren de hambre y perecen de frío».

C.T. levantó la pluma estilográfica del papel y pensó sobre las necesidades de las personas que había conocido desde que iniciara la gira con Los siete de Cambridge. Hasta entonces apenas había hablado con alguien de la clase obrera inglesa, excepto sus sirvientes. Ahora sentía compasión por sus vidas sin esperanza. Continuó escribiendo. «Así que cuando regrese a casa debo vender todas mis pertenencias si es que no se han vendido ya. Madre querida y preciosa, le pido a Dios que te muestre que es un privilegio entregar a un hijo para que Dios lo use en la salvación de los pobres pecadores que ni siquiera han oído el nombre de Jesús. Dios te bendiga, querida madre; sé que él lo hará, y cambiará tu pena en alegría».

A finales de enero, la gira tocaba a su fin y China Inland Mission organizó tres reuniones más: una en Cambridge, otra en Oxford y la tercera en Londres. A las 19:30 del 2 de febrero de 1885, el Guild Hall de Cambridge estaba repleto con mil doscientas personas, algunas de ellas en el foso[2] de la orquesta y abarrotando la galería. Uno de los antiguos maestros de C.T., el profesor Babington, presentó el programa. A continuación, uno por uno, los siete jóvenes se levantaron para hablar. Quedaban apenas tres días para zarpar a China, y la multitud escuchó con gran atención.

Stanley Smith fue el primero en dirigirse a la audiencia.

—El amor de Cristo nos apremia a ir por el mundo. A menos que difundamos la luz, Inglaterra no podrá hacer frente a los poderes de las tinieblas.

La multitud prorrumpió en vítores.

Llegado su turno, C.T., se levantó y caminó hacia el atril. Miró a la multitud de rostros y dijo:

2 Foso: Teatro. Zona rebajada situada entre el escenario y el patio de butacas destinada generalmente a los músicos. Espacio situado bajo el escenario.

—Quiero recomendarte a mi Maestro. He disfrutado de los placeres y probado las delicias que este mundo puede dar, pero te digo que dichos placeres son como nada en comparación con mi gozo presente. Me ha gustado el críquet tanto como al que más, pero cuando el Señor Jesús vino a mi corazón, descubrí que era infinitamente mejor. Mi pasión ya no estaba en el deporte, quería ganar almas para servir y agradar a Jesucristo.

Cientos de personas respondieron al llamamiento que se hizo al final de la reunión, exactamente igual que sucedió en Oxford la siguiente noche.

El miércoles 4 de febrero, Los siete de Cambridge celebraron su última reunión en el Exeter Hall de Londres. Fue la más concurrida de todas, y una vez más se turnaron para hablar, contando cómo habían llegado a la decisión de ir a China y de su amor por Dios. C.T. fue el último en hablar, y concluyó el evento con un desafío.

—¿Vives para hoy o para la vida eterna? ¿Te importa la opinión de los hombres o la opinión de Dios? La opinión de los hombres no nos servirá de mucho cuando estemos ante el trono del juicio. Lo que piensa Dios, sí nos servirá. Entonces, ¿no sería mejor que tomásemos en serio su palabra y la obedeciésemos?

Después de la reunión, C.T. pernoctó en casa de su familia en Hyde Park. Aunque solo habían transcurrido ocho años desde que los tres hermanos mayores cenaran allí con su padre después de escuchar a Dwight Moody predicar en Drury Lane, le pareció casi una eternidad. Cuanto había sucedido en su vida desde entonces. ¿Qué pensaría su padre de él ahora? ¿Aprobaría el viaje a China para predicar el Evangelio? Él así lo esperaba, al igual que confiaba en que su madre lo aceptara pronto.

Aquella noche apenas concilió el sueño, dando vueltas de un lado al otro de la cama. Los recuerdos y las preguntas le asaltaban. Una cosa era hablar de renunciar a todo por Cristo, pero ¿cómo se sentiría cuando estuviera solo en una tierra extraña, pasando frío y hambre y extrañando a su familia? ¿Desearía volver a su antigua vida? Confiaba en que no fuera así, pero no podía responder con certeza. Sólo el paso del tiempo podría responder.

Capítulo 5

Por fin...China

La multitud congregada en la Victoria Station de Londres prorrumpió en una gran ovación cuando sonó el silbato y una bocanada de vapor envolvió a los allí presentes.

Desde el interior, C.T. (que tenía 24 años) miró una vez más a su familia. La última persona que pudo distinguir entre la multitud fue Dora, su hermana de 16 años, que llevaba un vestido azul brillante. Kinny, su esposa y su suegra, Lady Beauchamp, estaban a bordo del tren, acompañando a Los siete de Cambridge hasta Dover y luego, a través del Canal de la Mancha, a Calais, Francia, desde donde partirían los jóvenes misioneros en barco con destino a Oriente.

Una vez en Calais, Los siete de Cambridge se instalaron en sus camarotes de segunda clase y se reunieron para orar y alabar a Dios. Los otros pasajeros se sorprendieron al ver que los jóvenes, hijos de las mejores familias de Inglaterra viajaban en segunda clase. Pero a C.T. eso no le importaba; de hecho, se alegró, sabiendo que sus circunstancias serían mucho más adversas cuando se aventurara por los territorios del interior de China.

El barco hizo escala en Brindisi, Italia, y Alejandría, Egipto, antes de navegar por el Canal de Suez. Luego puso rumbo a Colombo, en la isla de Ceilán (Sri Lanka en la actualidad), y de allí partió hacia Penang, Malasia; Singapur; y Hong Kong. Cada vez que el barco atracaba en un puerto, los entusiastas misioneros desembarcaban y predicaban el evangelio a cualquier grupo que pudieran congregar. Durante la primera etapa del viaje, el capitán del barco se convirtió después de hablar con C.T., e invitó a los jóvenes a celebrar servicios religiosos diarios en la cubierta.

El viaje de seis semanas a China transcurrió con celeridad, y el 18 de marzo de 1885, Los siete de Cambridge llegaron al puerto de Shanghai. Mientras descendían por la pasarela hacia el bullicioso muelle, un hombre chino de mediana edad los saludó.

—Bienvenidos a China, dijo con impecable acento inglés.

Solo cuando se encontraba lo suficientemente cerca, lo reconoció C.T. Era el propio Hudson Taylor. Sabían que la China Inland Mission tenía por norma vestir como los chinos, incluidas las mangas anchas en los vestidos y las coletas, pero aún así fue un shock ver a un caballero inglés parecerse tanto a un chino.

Taylor los acompañó a través de inmigración y luego al albergue de la CIM en Shanghai. Les explicó que su primera tarea sería aprender el idioma chino y dejarse crecer el pelo para que en tres meses pudieran iniciar sus viajes misioneros.

Dada la condición de Shanghái como puerto del tratado, uno de los puertos y ciudades de China abiertos al comercio exterior y a la presencia de residentes extranjeros, miles de europeos vivían allí. Taylor alquiló el Temperance Hall, el recinto más grande de la ciudad, para presentar a los nuevos misioneros a los residentes de habla inglesa.

Al igual que en las reuniones de Los siete de Cambridge en Inglaterra, muchas personas se convirtieron y fueron desafiados a difundir el evangelio después de oírlos hablar. Pero a quien C.T. ansiaba evangelizar era al pueblo chino y anhelaba vivir entre ellos.

Durante las semanas siguientes, el estudio del idioma progresó lentamente. C.T. y los hermanos Polhill-Turner eran los que mayor dificultad tenían con las lecciones. Sin embargo, todos perseveraron y pronto estuvieron listos para viajar a sus respectivas estaciones misioneras.

También llegó el momento de adoptar la vestimenta china. C.T. soltó una carcajada cuando Monty y Stanley se afeitaron el bigote. Pero eso no fue nada comparado con la impresión que producía verlos a todos con la mitad delantera de sus cabezas rapadas y el resto del cabello trenzado en forma de una larga coleta china. Lo que sucedía es que tanto Monty como Stanley y C.T. les sacaban al menos 30 centímetros de altura a cualquier varón chino.

El calzado resultó ser el mayor desafío. El primer zapatero declaró que nunca le habían pedido que acometiera una tarea tan «gigantesca» como hacer unos zapatos para los enormes pies de C.T, y huyó despavorido. Un segundo zapatero fue advertido antes de llegar a la casa de la misión de la enorme tarea que tenía por delante, y aceptó el desafío no sin antes negociar una buena suma de dinero en remuneración por su labor. Finalmente C.T. tuvo sus zapatos, pero la noticia del gran tamaño corrió como la pólvora por la ciudad, y cada vez que salía a la calle, los chinos señalaban los zapatos y se morían de risa.

No obstante, C.T. tenía cosas más importantes en las que pensar. Llegado el momento, Los siete de Cambridge formaron dos grupos para viajar al interior del país. A Stanley, Dixon, y William se les encomendó ir al norte, a la provincia de Shanxi, mientras que los hermanos Polhill-Turner y C.T. habían de dirigirse hacia el oeste, a Hanchung. Monty se quedó en Shanghai, ya que no se encontraba bien.

El 4 de abril de 1885, C.T., Cecil y Arthur Polhill-Turner partieron, viajando cerca de mil doscientos kilómetros por el río Yangtze en un barco de vapor. El viaje duró cuatro días, y C.T. pasó la mayor parte del tiempo en cubierta admirando el increíble paisaje. Pequeños pueblos salpicaban la orilla del río, y todo tipo de embarcaciones transitaban sus aguas. Unas llevaban pescadores, otras transportaban gente de un lado del río al otro, y otras más llevaban cargamentos de cereales y arroz río abajo, al mercado de Shanghai.

El vapor los llevó hasta Hankow, donde los tres misioneros trasladaron sus pertenencias a un junco que los transportaría durante casi dos mil kilómetros por el curso del río Han hasta Hanchung. Mientras acomodaba el equipaje, C.T. observó el que sería su nuevo «hogar» durante los próximos tres meses. Tenía que agacharse para entrar en las tres cabinas, que apenas medían 1 metro y 80 centímetros de ancho por 2 metros y 10 centímetros de largo. Una cabina la compartiría con los hermanos Polhill-Turner, mientras que las otras dos estaban reservadas para el capitán y su profesor de chino. Les esperaba una travesía llena de estrecheces.

Era la primera ocasión que los jóvenes misioneros estaban fuera de contacto con otros europeos, y C.T.

pronto descubrió que había mucho a lo que tendrían que acostumbrarse. La gente curiosa que vivía en la orilla del río les observaba y tocaba constantemente; C.T. supuso que se debía a que nunca antes habían visto a una persona blanca. Al principio no le importó, pero después de unos días ser el centro de atención sin poder responder a una sola pregunta se tornó tedioso. Además había otro problema: las ratas.

El barco estaba infectado de ratas que todo lo mordisqueaban y se llevaban los calcetines para construir sus nidos. Los tres misioneros pensaron en poner trampas para deshacerse de ellas, pero decidieron pedirle a Dios que los librara de criaturas tan molestas. Sorprendentemente, no volvieron a tener más problemas con los roedores.

Dado que estaba teniendo mucha dificultad con otro asunto: el idioma chino, a C.T. se le ocurrió una idea. ¿Por qué no pedirle a Dios que hiciera un milagro para que los tres pudieran hablar en chino sin tener que aprenderlo? Cuanto más lo pensaba, más le atraía la idea. Se lo sugirió a Cecil y Arthur, quienes también pensaron que era una gran ocurrencia. Después de todo, señalaron, ¿no era Dios un Dios de milagros?

Mientras el junco navegaba por el río Han, los jóvenes misioneros dejaron de estudiar el idioma y comenzaron a orar fervientemente para que Dios les capacitara en el dominio del idioma chino mientras dormían. Cada mañana C.T. despertaba esperando que las palabras en chino fluyeran milagrosamente de su boca, algo que nunca ocurrió. No obstante, siguió orando y creyendo.

La calurosa e incómoda travesía continuó hasta que llegaron a Hanchung, donde desembarcaron y partieron hacia el norte, hacia Pingyang-fu, para encontrarse con Hudson Taylor. Esta vez viajaron a pie. El tutor de chino les acompañaba, a pesar de que habían decidido abandonar las clases. El grupo también incluía a dos porteadores que les ayudaban con el equipaje.

El viaje iba a ser largo, y los días pronto adquirieron una rutina predecible. C.T. se despertaba a las dos de la madrugada y leía la Biblia, a la luz de las velas, hasta las tres y media. Luego se levantaba y empacaba sus escasas pertenencias en una bolsa para poder estar en camino a las cuatro de la mañana. Normalmente caminaban entre 13 y 15 kilómetros antes de detenerse en una posada al borde del camino para desayunar arroz y sopa. Después del desayuno continuaban caminando hasta que paraban para almorzar. Y una vez finalizado el almuerzo, volvían a caminar hasta la puesta del sol, cuando se detenían para pasar la noche. La mayoría de los días recorrían cerca de 50 kilómetros. Las jornadas no tardaron en volverse angustiosas para C.T., ya que las suelas de sus zapatos se habían desgastado, obligándolo a caminar descalzo. De niño, su madre nunca lo había dejado andar sin zapatos y calcetines. A consecuencia de ello, sus pies estaban muy sensibles y doloridos, y no tardaron en hincharse e infectarse. No obstante, C.T. no iba a permitir que su condición retrasara a los demás. Tenían una cita con Hudson Taylor, y nada iba a interponerse en su camino, ni siquiera sus pies cubiertos de ampollas y sangre.

Finalmente llegaron a Pingyang-fu el 3 de noviembre. Habían transcurrido siete meses desde que partieran de Shanghai. Los tres europeos estaban bronceados y en forma.

Taylor esperaba ansiosamente su llegada, y una de las primeras preguntas que hizo fue interesarse por el progreso del aprendizaje del idioma. C.T.

admitió avergonzado que habían optado por abandonar el estudio a la espera de un milagro.

Taylor asintió pensativamente y dijo: «Incluso si pudiera milagrosamente lograr que aprendierais chino en un instante, no lo haría». Y prosiguió explicándoles cuán importante era el proceso de aprendizaje. Al ponerse bajo la tutela de un erudito chino y observar lo que hacía y decía, no solo estaban aprendiendo el idioma sino también adquiriendo sabiduría y entendimiento sobre la cultura de las personas a las que querían evangelizar con el evangelio.

C.T. era consciente de que había cometido un error, y nuevamente emprendió la ardua labor de aprender chino. Su primer trabajo misionero lo ayudó a apresurarse.

Hudson Taylor le pidió ir al pueblo de Chin-Wu para mantener abierta la estación de la China Inland Mission. Allí estaría completamente solo entre la población china, y no tendría más remedio que aprender si quería comunicarse efectivamente con ellos.

El 2 de diciembre de 1885, se acordó que era su vigésimo quinto cumpleaños, aunque no tenía a nadie en particular con quien celebrarlo. Navidad y Año Nuevo pasaron con celeridad[1] y empezó a sentirse como en casa entre la gente de Chin-Wu. Redobló sus esfuerzos por aprender chino, y no tardó mucho en poder leer la Biblia en chino a su cocinero.

En julio de 1886 anhelaba el contacto con otros europeos, y se puso muy contento al saber que había sido invitado a una conferencia misionera en Taiyuen, la capital provincial de Shanxi, y que volvería a ver a Stanley, William, Dixon y Monty.

Dio la casualidad de que William realmente le necesitaba, ya que estaba gravemente enfermo de

1 Celeridad: Prontitud, rapidez, velocidad.

viruela, y los sirvientes chinos no estaban atendiendo adecuadamente al «diablo blanco» (así llamaban a los extranjeros blancos) que tenían a su cuidado. C.T. intervino de inmediato y, junto con Monty, insistió en asumir el cuidado del enfermo. Ambos se turnaron para atender a William y asistir a las reuniones de la conferencia, en la que tanto Hudson Taylor como su hijo mayor, Herbert, hablaron. Afortunadamente, William se recuperó con presteza.[2]

Finalizada la conferencia, C.T. y Taylor viajarían juntos a Chungking, en la provincia de Szechwan, para visitar a los misioneros de la CIM. Sin embargo, antes de emprender el viaje, llegaron noticias de que habían estallado disturbios en Chungking y todos los extranjeros habían sido expulsados de la ciudad. Al escucharlo, C.T. se ofreció como voluntario para ir a Chungking y reabrir la estación misionera. Se acordó que otro misionero, John Phelps, le acompañara.

El viaje a Chungking fue peligroso. Por causa de los disturbios, ninguna posada estaba dispuesta a alojar a los «diablos extranjeros», y en varias ocasiones C.T. y John tuvieron que pasar la noche con los cerdos en las pocilgas. Cuando llegaron a Chungking, los dos misioneros entraron en la ciudad al amparo de la oscuridad, porque había guardias apostados a la entrada para mantener a los extranjeros afuera.

Dentro de la ciudad averiguaron que el único europeo que quedaba allí era el cónsul británico, el Sr. Bourne, quien al verlos inquirió sorprendido:

—¿Cómo entraron aquí? Todos los europeos que no murieron en los disturbios se vieron obligados a evacuar la ciudad. A mi me permitieron quedarme por ser el cónsul británico.

2 Presteza: Prontitud, diligencia y brevedad en hacer o decir algo.

—Nos introdujimos sigilosamente después del anochecer, dijo C.T. con una sonrisa. Hemos venido a reabrir la estación misionera.

—Me temo que eso no va a ser posible. Ningún extranjero, excepto yo, puede permanecer en la ciudad en este momento. Puedo emitirles un pasaporte para viajar a salvo río arriba o río abajo, pero deben marcharse, afirmó el Sr. Bourne.

—Pero no podemos irnos. Dios nos ha traído a salvo hasta aquí, y creemos que es porque él nos quiere aquí. No nos iremos, adujo C.T.

El Sr. Bourne pareció sorprendido.

—Es usted muy terco, Sr. Studd. Dispongo de una pequeña habitación aquí en mi casa, pero sólo puede albergar a una persona. Permitiré que uno de ustedes se quede ... el otro debe irse.

Luego observó a ambos y anunció:

—Studd, usted se quedará conmigo.

C.T. se instaló en la habitación. Después de despedir a John Phelps, se dedicó a localizar a los cristianos chinos de la ciudad y a organizar reuniones para animarlos en su fe.

El tiempo en Chungking pasó rápido para él. Una mañana se sorprendió al recibir una gruesa carta con el logotipo de los Sres. Coutts & Co, la firma de abogados de la familia Studd. Al abrir el sobre, se dio cuenta que habían pasado dos semanas desde su vigésimo sexto cumpleaños, el día en el que heredaba el dinero que su padre le había dejado. Efectivamente, el sobre contenía copias de acciones y depósitos bancarios que ahora le pertenecían.

Cuando lo sumó todo, C.T. calculó que era dueño de al menos veintinueve mil libras, dinero suficiente para vivir cómodamente por el resto de su vida. Pero no era eso lo que tenía en mente. Desde hacía dos años, estaba seguro de lo que quería hacer cuando recibiera la herencia: donar el dinero a organizaciones benéficas cristianas. Dio gracias a Dios por hallarse en Chungking, porque necesitaba un funcionario británico para firmar los papeles otorgando a su hermano Kinny la autorización legal necesaria para disponer del dinero.

Ese día, un poco más tarde, C.T. encontró al Sr. Bourne en su oficina.

—¿Puedo entrar?

—Por supuesto, buen hombre. ¿En que lo puedo ayudar?

C.T. fue directo al grano.

—Recibí una carta esta mañana con información sobre mi herencia. ¿Podría usted redactar y firmar unos papeles para que mi hermano tenga un poder notarial sobre el dinero? Deseo que lo done en mi nombre.

C.T. observó cómo el rostro del Sr. Bourne se tornaba blanco y contenía el aliento antes de farfullar:

—Pero... pero sería una gran suma de dinero, ¿no? Quiero decir, su padre era un hombre rico.

—Efectivamente, lo era; pero se convirtió al Señor Jesucristo dos años antes de morir, y estoy seguro de que aprobaría mi decisión. Es más, sé que mi Padre celestial la aprueba. No existe lugar más seguro para mi dinero que depositarlo en el «banco de Dios». Él ofrece una rentabilidad cien veces superior ¿Conoce usted a alguien que ofrezca mejor interés que ese?

—¡Usted... yo... no! balbuceó el cónsul. No permitiré que lo haga. Tiene que pensarlo en frío.

A continuación, suavizó el tono:

—Siempre necesitará comida y un techo sobre su cabeza, y algún día podría casarse y tener hijos. Piense en el futuro un poco. Puede que ahora le guste ser misionero, pero dentro de diez años, ¿quién puede asegurarlo?

C.T. estaba sorprendido. Nunca imaginó que tendría que convencer a su anfitrión para que firmara los papeles.

—Pero es su deber firmarlos. Soy súbdito británico, y usted es el cónsul en este lugar.

El Sr. Bourne levantó las manos y suspiró.

—Muy bien, pero voy a insistir en esto: tómese dos semanas para pensarlo bien, y si no cambia de parecer, y estoy seguro de que cambiará cuando lo medite seriamente, firmaré los documentos.

C.T. se fue satisfecho de que sólo tendría que esperar dos semanas antes de poder llevar a cabo su plan. En los días siguientes decidió cómo repartir el dinero: serían cuatro asignaciones de cinco mil libras cada una. La primera para Dwight L. Moody, el hombre que fue clave en la conversión de su padre. Quería que Moody usara el dinero para comenzar una obra evangélica en Tirhoot, en el norte de la India, donde su padre había hecho su fortuna produciendo tinte de añil.

La segunda asignación tenía como beneficiario a George Müller, un prusiano que había emigrado a Inglaterra y dirigía orfanatos cristianos para los niños más pobres en Brístol.

George Holland recibiría la tercera asignación. Holland era un celoso predicador que trabajaba con los pobres en Whitechapel, Londres.

La cuarta iba destinada al Comisario Frederick Booth-Tucker, yerno del General William Booth, quien había empezado el ministerio del Ejército de Salvación en la India.

El resto del dinero de la herencia lo donó a otras misiones y organizaciones benéficas cristianas que admiraba.

Dos semanas después, C.T. regresó al despacho del Sr. Bourne para pedirle que redactara los documentos. Aunque la decisión no fue de su agrado, el cónsul accedió debido a que C.T. había esperado el plazo acordado.

El 13 de enero de 1887 envió la documentación, contento de que su dinero estaba ahora depositado de forma segura en el «banco del cielo», como él lo llamaba.

Transcurrido un mes, algunos de los misioneros veteranos que habían trabajado en Chungking antes de los disturbios regresaron paulatinamente a la ciudad, y C.T. decidió que era hora de regresar a Shanghai. Había escuchado que su hermano George estaría en la ciudad durante la primavera, y estaba ansioso por volver a verlo. Lo que no sabía era que aquel viaje cambiaría el curso de su vida.

Capítulo 6

Nunca había conocido a un mujer como Priscila

En abril de 1887 C.T. llegó a Shanghái. El viaje había sido largo y arduo, pero disfrutó cada momento. A esas alturas estaba acostumbrado a saborear arroz tres veces al día y se había adaptado a la camas duras de ladrillo en las posadas locales. Estaba maravillado de sentirse tan en casa en China como se había sentido en Inglaterra.

En la casa de huéspedes de la CIM en Shanghái había otros tres británicos alojados: la Srta. Black, una anciana solterona encargada de la casa de huéspedes; el Sr. Stevenson, subdirector de la CIM, quien se encontraba de paso en Shanghai; y Priscila Stewart, una joven irlandesa que acababa de llegar y estaba demasiado enferma con problemas cardíacos para viajar al interior.

Varias cartas le esperaban en Shangai. Una era de Dwight L. Moody, agradeciéndole su generoso donativo y explicándole que no estaba listo todavía para iniciar una obra misionera en la India. En cambio, confiaba que estuviera de acuerdo en que el dinero se destinara al Instituto Bíblico Moody en Chicago, donde hombres y mujeres jóvenes recibirían capacitación misionera para servir por todo el mundo. C.T. se mostró satisfecho con la alternativa. Otra carta era de Frederick Booth-Tucker en India, informándole de que su ofrenda había permitido al General Booth enviar cincuenta oficiales del Ejército de Salvación de Inglaterra al subcontinente indio. Los nuevos oficiales estaban causando un gran revuelo, y muchos indios de castas inferiores estaban respondiendo al evangelio.

C.T. preguntó al Sr. Stevenson si podía leer un extracto de la carta de Booth-Tucker en el tiempo devocional a la mañana siguiente. Camino de dicha reunión, bajó los escalones de dos en dos. Cuando giró para entrar en la sala, divisó a Priscila Stewart en lo alto de la escalera. Priscila parecía frágil y enfermiza mientras avanzaba a lo largo de la barandilla. No pudo soportar verla bajar las escaleras, por lo que se apresuró a unirse a los demás en la sala de estar.

—¡Esa joven ha cometido un gran error al venir a China! Da la impresión de que le hubieran succionado la vida, y estoy seguro de que no podrá soportar los rigores del interior, le dijo C.T. al Sr. Stevenson.

—Es posible que así sea. Incluso la tarea más pequeña parece requerirle una enorme esfuerzo, asintió el Sr. Stevenson.

Priscila entró en la sala de estar, y C.T. introdujo la mano en su bolsillo buscando la carta. El pequeño grupo cantó un par de himnos y a continuación, el Sr. Stevenson le pidió que leyera la carta. Ésta comenzaba con un agradecimiento por la donación y proseguía:

> Empezamos en Kandy, la capital de Ceilán, en Nochebuena. Tiene una población de unos 30.000 habitantes. Enviamos a una sencilla muchacha escocesa acompañada de una tosca sirvienta nativa. La escocesa es bastante inculta. Su ortografía es... bueno, peculiar. Le cuesta aprender el idioma, y después de tres meses de arduo trabajo apenas puede decir unas pocas frases, dar su testimonio, dirigir las reuniones, etc. Su teniente (recuérdese que El Ejército de Salvación emplea una estructura semejante a la militar en su organización) no sabe inglés. Sin embargo, ambos fueron valientes y rentaron un salón con capacidad para unas 250 personas... Transcurridos unos dos meses tenían al menos 100 almas y reclutaron cerca de 50 soldados regulares, varios de los cuales ya sirven en el ministerio como oficiales. Nunca antes las mujeres nativas habían hablado en público, pero ahora hay un buen número de ellas testificando todas las noches en las reuniones.

C.T. hizo una pausa en la lectura y Priscila Stewart habló.

—¡Qué maravilla es lo que el Señor es capaz de hacer incluso con el más humilde de sus siervos!

Los ojos de Priscila se iluminaron mientras hablaba y C.T. se sintió avergonzado de lo que le había dicho al Sr. Stevenson. Tal vez su juicio sobre la joven había sido demasiado precipitado.

Ese mismo día, ambos coincidieron en la veranda de la casa de huéspedes y Priscila le dijo por qué había venido a China.

—Todo comenzó cuando dos de mis tíos se convirtieron y se volvieron extremadamente activos en la obra del Señor. El resto de la familia, incluyéndome a mí, estaba avergonzado. Éramos una familia prominente en Belfast: buenos anglicanos, sí, pero no el tipo de gente que considera de buena educación entrometerse en las cuestiones del alma de otras personas.

Mientras la muchacha se detenía para tomar un sorbo de té, C.T. se maravilló ante la similitud de sus pasados. Ambos procedían de familias ricas y privilegiadas y habían vivido vidas plácidas hasta la conversión de un miembro de la familia.

La voz de Priscila irrumpió en sus pensamientos.

> Yo era feliz así, especialmente cuando me permitieron ir a los bailes al cumplir 18 años. El primero fue maravilloso, pero esa noche tuve un sueño aterrador. Jesús se acercó a mí y no me reconocía. Me dijo: «Apártate de mí. No te conozco». Intenté todo lo que estuvo a mi alcance para erradicar aquellas palabras de mi mente, pero allí permanecieron indelebles, incluso con el paso del tiempo.
>
> Cuando tenía 22 años, fui a visitar a una amiga de mi madre. Resultó que se había convertido recientemente, y ella y su padre me llevaron a una reunión del Ejército de Salvación. Nunca olvidaré lo incómoda que me sentí aquella noche. Me senté en la plataforma junto a mi anfitriona, con cientos de muchachas del Ejército de Salvación a mi alrededor. ¡Sus vestidos crujían al moverse y hacían revolotear sus panderos cerca de mi cabeza! Estaba atrapada, pero conseguí escaparme, y afortunadamente nadie me preguntó por mi alma.
>
> Al regresar a su casa, mi anfitriona me habló de un folleto escrito por el General Booth en el que describía una visión terrible que había tenido de un grupo de náufragos. Se podía ver a la gente con la cabeza fuera del agua y los brazos en alto; también se veía a algunos en las rocas. Alguien contaba cómo Jesús volvería de repente, y la misma horrible condición se apoderaría de los que no eran salvos.

De repente me di cuenta de que había estado tan equivocada. Habría dado cualquier cosa por llegar a Dios, pero no podía. Mi corazón era tan negro como el del peor pecador de la tierra. Era tal mi estado de convicción sobre mi incredulidad, burla y escarnio, que me consideraba la persona más merecedora del infierno que jamás hubiera vivido. Caí de rodillas y esperé. Tuve una visión de Jesús en la cruz. Cuando finalmente se desvaneció, me di cuenta de que había permanecido arrodillada durante dos horas. Mi anfitriona preguntó: «¿Qué has visto?». Yo respondí: He visto el Calvario, y para siempre Jesús será mi Señor y mi Dios.

—¿Te uniste al Ejército de Salvación después de eso?

—Sí. Sus reuniones me llenaban de alegría. Eran días grandiosos, salía con ellos por las calles y la gente nos arrojaba huevos podridos, piedras e incluso botas viejas, pero no me importaba. Lo hacía para Jesús. Más adelante, Dios me llamó a China para trabajar con la CIM y obedecí su mandato.

Ambos se mantuvieron en silencio durante un tiempo. C.T. estaba demasiado sorprendido para hablar. Pensaba que Priscila Stewart sería tan tímida como lo era en su caminar, pero cuando hablaba, sus palabras impactaban su alma y quería pasar más tiempo con aquella asombrosa joven. Se alegró al recordar que aún faltaban dos semanas antes de que su hermano George llegara a Shanghái.

Aunque hablaba chino razonablemente bien, se trataba de un dialecto occidental y tenía dificultades para hacerse entender en Shanghái. En lugar de predicar a los chinos, C.T. ocupaba su tiempo organizando reuniones de evangelización para marineros ingleses. Tan pronto como Priscila escuchó lo que estaba haciendo, insistió en unirse a él. C.T. dirigía las reuniones, pero el factor que influyó en la conversión de varios fornidos marineros fue el conmovedor testimonio de Priscila. Mientras la observaba hablar, los ojos de la muchacha brillaban con una intensidad que encontraba irresistible. Tuvo que admitir que nunca antes había conocido a una mujer como Priscila Stewart.

Cuando George Studd llegó a Shanghai, tuvieron un reencuentro maravilloso. George traía noticias de la familia. Kinny era el orgulloso padre de un niño, y su hermana Dora se había se casado recientemente con Willie Bradshaw, un amigo de la familia.

Con el tiempo, la salud de Priscila mejoró y pudo viajar a la estación misionera que le habían asignado. C.T. lamentó verla partir y poco después marchó para el norte de China para predicar en pequeños pueblos y aldeas. George, quien no había venido para ser misionero, lo acompañó como su ayudante extra oficial. C.T. estaba contento por la compañía, pero aun así, sus pensamientos a menudo los ocupaba Priscila. Finalmente decidió que tenía que hacer algo sobre el asunto. Después de orar y ayunar durante ocho días, tomó una decisión: pedir a Priscila que se casara con él.

Al día siguiente, 25 de julio, la escribió una carta. No malgastó el tiempo con rodeos y después de pedirla que se casara con él, describió el tipo de vida que llevarían juntos:

> La vida que puedo ofrecerte no será fácil, ni cómoda, sino una vida de trabajo y penalidades; si no supiera que eres una mujer de Dios, ni se me habría ocurrido hacerte esta petición. Te ofrezco ser mi compañera de armas en su ejército y vivir una vida de fe en Dios, de lucha, recordando siempre que nuestra morada aquí es temporal y más bien incierta, y que nuestro

hogar eterno es la casa celestial del Padre. Así sería nuestra vida. Que el Señor te guíe.

La respuesta de Priscila no fue la esperada. No estaba convencida de que Dios quería que se casara con él. No obstante, accedió a seguir orando acerca de la propuesta matrimonial. C.T. le envió otra carta, y otra, hasta que en octubre obtuvo la respuesta por la que había estado orando. Priscila aceptó ser su esposa.

C.T. estaba encantado y enseguida se puso a escribir a su madre. Fue entonces cuando se dio cuenta de lo poco que sabía acerca de su futura esposa. No sabía su edad, ni su nivel de educación, ni los nombres de sus padres, o cuántos hermanos y hermanas tenía. Pero esto no lo intimidaba. Conocía el compromiso de Priscila con Dios, y eso era lo que más le importaba.

En su siguiente carta a Priscila, fechada el 14 de octubre de 1887, expresó sus sentimientos:

> Me río cuando pienso en lo poco que sé de ti, amor mío, ni siquiera tu edad u otros detalles, pero saber que eres una genuina hija de Dios que ama al Señor Jesús es más que suficiente para mí. Él ha entretejido nuestros corazones para que trabajemos juntos en su obra con todo nuestro corazón, alma y mente hasta que él regrese... Te amo por tu amor y por tu celo por Jesús; te amo por tu fe en él y por tu amor por las almas; te amo por amarme y por ser quien eres; te amo por los siglos de los siglos. Te amo porque Jesús te ha usado para bendecirme y encender mi alma. Te amo porque siempre serás una fuente de inspiración que me hará correr más rápido. Señor Jesús, ¿cómo podré agradecerte lo suficiente este regalo?

Desconocían cuándo volverían a verse, ya que ambos estaban ocupados en la obra misionera, pero el 26 de diciembre de 1887, cambió todo. Ese día C.T. recibió una carta de uno de los compañeros de misión de Priscila. La carta era portadora de malas noticias. Priscila estaba gravemente enferma de neumonía. Los pensamientos de C.T. retornaron a la época en que la conoció por primera vez. Priscila estaba extremadamente débil debido a problemas del corazón, y él se preguntaba si la neumonía podría resultar fatal dada su débil condición. No lo sabía y tampoco estaba dispuesto a esperar para averiguarlo. Calculó que si viajaba día y noche, podría reunirse con Priscila en Hoh-chau al cabo de tres días. Partió de inmediato, orando durante el camino para que se recuperara.

Afortunadamente sus oraciones fueron respondidas. Cuando llegó a la misión Priscila había superado lo peor de la enfermedad y estaba encantada de volver a verlo. Pasaron muchas horas juntos orando y leyendo. C.T. quedó impresionado con el trabajo que Priscila y las otras tres mujeres solteras habían realizado. No había sido fácil para ellas en Hoh-chau, pero poco a poco encontraron maneras de compartir el evangelio con los habitantes de la ciudad. Hacía poco tiempo que habían cosechado sus primeros frutos, y el embrión de una pequeña iglesia comenzaba a gestarse.

Stanley Smith llegó a Hoh-chau varios días después, y junto a C.T. decidieron regresar al norte de China. Para C.T. fue difícil separarse de Priscila otra vez, pero ambos coincidieron en que aún no era el momento adecuado para casarse.

Cuando Stanley y C.T. llegaron a Hungtung era evidente que su periplo tenía que detenerse durante un tiempo. Stanley padecía de fiebre tifoidea y C.T. tendría que cuidarlo.

Al cabo de tres semanas, Stanley se sintió con suficientes fuerzas para reemprender el viaje. Durante la convalecencia, C.T. había tenido tiempo para pensar en su futuro. Creía que era la voluntad de Dios que se casara con Priscila, y no veía razón alguna para dilatar la espera. En lugar de continuar hacia el norte, los misioneros emprendieron rumbo a Hoh-chau.

Priscila estaba sorprendida y encantada con el inesperado reencuentro y coincidió con C.T en que había llegado el momento de la boda. Empacó sus maletas y se preparó para viajar a Tientsin, donde residía el cónsul británico más cercano.

La decisión de la pareja conmocionó a los nuevos conversos de Hoh-chau, donde no se permitía que hombres y mujeres solteros se vieran la cara, mientras estos dos misioneros solteros planeaban viajar juntos a través del país. Los conversos le dijeron a C.T. que algo así era impensable, por lo que acordaron celebrar una boda china antes de viajar a Tientsin.

Los preparativos comenzaron de inmediato, y un evangelista chino que se encontraba de visita, el pastor Shi, ofició la ceremonia. Priscila y C.T. lucían su habitual atuendo chino, aunque Priscila había añadido una banda blanca con las palabras «Unidos en la lucha por Jesús» C.T. sonrió cuando vio la banda. Ciertamente había encontrado una mujer apasionada como esposa.

Después de la ceremonia todos fueron invitados a un fiesta en la casa de la misión, y al día siguiente C.T. y Priscila partieron hacia Tientsin. En el camino, averiguó algo más sobre su compañera: Priscila había nacido el 28 de agosto de 1864, es decir, era cuatro años más joven que él. El color dorado del cabello se lo debía a su padre, la complexión pequeña, a su madre.

C.T. se preguntó en voz alta qué harían sobre el anillo de bodas; Priscila portaba la respuesta en su equipaje. Antes de salir de Irlanda, explicó, una amiga le había obsequiado un anillo como recuerdo.

Priscila se lo mostró. Sorprendentemente, la alianza tenía las iniciales C.T.S. grabadas en el interior. C.T. tomó el detalle como una señal adicional de la aprobación divina de su matrimonio.

Cuando llegaron a Tientsin, les esperaba una carta del abogado de C.T. en Inglaterra, explicando que todo el dinero se había repartido de acuerdo a sus instrucciones. No obstante, había un excedente de tres mil cuatrocientas libras, y el letrado quería saber qué debía hacer con el mismo.

Como ya estaba casado, decidió dárselo a Priscila y dejar que fuera ella quien decidiera qué hacer con el dinero. Ella movió la cabeza cuando se lo entregó.

—C.T. ¿qué le dijo el Señor al joven rico?

—Que vendería todo.

Priscila dijo alegre y firmemente:

—Pues bien, empecemos desde nuestra boda. Donemos el dinero al Ejército de Salvación y confiemos juntos en que Dios se ocupará de nuestras necesidades.

Una vez más C.T. quedó impresionado con la dedicación de la joven irlandesa que había aceptado ser su esposa.

La segunda boda, en Tientsin, fue una pequeña celebración y tuvo lugar en la esplendorosa mañana primaveral del 7 de abril de 1888. La mayoría de los misioneros presentes en la ceremonia se horrorizaron de que la pareja no llevara vestimenta nupcial occidental hecha para la ocasión. Los novios habían decidido no hacerlo porque consideraban que dicha ropa era un gasto superfluo.

Al concluir la ceremonia, C.T. y Priscila se arrodillaron y se hicieron una promesa mutua ante Dios: «Nunca ser una traba para el otro en el servicio a Dios».

En los años venideros, cumplir con aquella promesa les costaría más de lo que cualquiera de los presentes en la boda podría haber imaginado.

Capítulo 7

Diablos extranjeros

«¡Márchense, diablos blancos! ¡Nos traerán mala suerte a todos!», gritó un anciano chino a C.T., Priscila y Mary Burroughs en el mercado de Lungang-Fu.

C.T. esperó a que terminara la diatriba[1]. No culpaba al anciano o a los que lo alentaban. Después de todo, los tres misioneros eran probablemente las primeras personas de raza blanca que habían visto. Además era consciente de que la gente del interior de China sabía poco sobre el mundo exterior. Les habían enseñado que China tenía la forma de un gran círculo que tocaba los bordes de un cuadrado. Las esquinas del cuadrado, que estaban fuera del círculo, contenían el resto del mundo, el «Reino de los diablos extranjeros». La gente desconocía que había otros países y existían religiones diferentes a la suya.

Después de aproximadamente media hora, la multitud que se había congregado en torno a los misioneros se dispersó, y C.T. pudo preguntar a un vendedor

1 Diatriba: Discurso o escrito acre y violento contra alguien o algo.

de mijo[2] si sabía de alguna casa en la ciudad que estuviera libre para alquilar. El vendedor respondió que no había casas disponibles, pero C.T. no se dio por satisfecho con la respuesta y el hombre le dijo que había una casa vacía, y por una buena razón: se decía que estaba embrujada.

Mientras caminaban pendiente arriba por el empedrado de la calle en la dirección que el vendedor les había indicado, la gente apresuraba el paso al cruzarse con ellos, maldiciendo o escupiendo a los demonios extranjeros. Cerca de la parte alta de la calle, encontraron una casa abandonada.

C.T. empujó la puerta chirriante y entraron en el patio cubierto de maleza; la puerta principal de la casa se desencajó de los goznes[3]. Las paredes encaladas estaban descoloridas y desnudas, y los escorpiones se escabulleron a través del desnivelado piso de ladrillo. Una plataforma de cama hecha de ladrillo descansaba sobre la pared del fondo, y en el centro de la habitación se erguía una chimenea. Otro cuarto tenía una cama de ladrillo, un pequeño taburete y una diminuta ventana sin cristales. Una tercera habitación estaba completamente vacía y C.T. pensó que podría servir de cocina y comedor. La casa no era lujosa, pero les proporcionaría techo y presencia en una ciudad que nunca había oído el evangelio. Al otro lado del patio se encontraba un edificio más pequeño que podría ser utilizado como capilla.

C.T. acompañó a las dos mujeres hasta el mercado, donde esperaban los porteadores con los burros,

2 Mijo: Planta de la familia de las gramíneas, originaria de la India, con tallos de unos 60 cm de longitud, hojas planas, largas y puntiagudas, y flores en panojas terminales, encorvadas en el ápice. Su semilla es pequeña, redonda, brillante, comestible y de color blanco amarillento.

3 Goznes: Herraje articulado con que se fijan las hojas de las puertas y ventanas al quicial para que, al abrirlas o cerrarlas, giren sobre aquel.

y juntos partieron para encontrar al dueño de la casa. C.T. pudo convencerlo para que les alquilara la casa, aunque sospechaba que el dueño había fijado un precio muy superior a lo que en realidad valía.

No tardaron mucho en instalarse. Todo lo que habían traído con ellos era un cambio de ropa china extra, algunas ollas y platos y varios artículos personales como peines y espejos. Estos pocos objetos resultaron ser una atracción irresistible para los vecinos, que se asomaban por la ventana y la entrada sin puerta para observar las actividades de los «diablos blancos». C.T., Priscila y Mary resolvieron ser acogedores, a pesar de que hubieran preferido cerrar la puerta ante las miradas curiosas y disfrutar de un poco de privacidad.

No todos los vecinos eran curiosos o tolerantes con los misioneros. Cada vez que se salían de la casa, tenían que soportar maldiciones y escupitajos. Cuando C.T. y Priscila salían juntos, era incluso peor. La costumbre china dictaba que la esposa debía caminar tres pasos por detrás del esposo, pero ellos creían que era importante que la gente viera que en un matrimonio cristiano el hombre y la mujer eran iguales. Esto resultó en muchas burlas y mofas, pero a C.T. y a Priscila no les importaba. La gente al menos estaba tomando nota del mensaje que intentaban transmitir.

En el transcurso de los primeros meses en Lungang-Fu hubo un momento de exultante alegría al anunciar Priscila que esperaba un bebé para febrero de 1889. C.T. y Priscila se preguntaron si debían dejar Lungang-Fu y viajar hasta una localidad donde la CIM tuviera un hospital para tener el bebé. C.T. calculó que tendrían que salir tres meses antes del nacimiento y permanecer allí hasta que el bebé cumpliera dos meses, para entonces Priscila estaría lo suficientemente fuerte para viajar de nuevo. A pesar de que no podía justificar estar lejos de su puesto misionero durante un período tan largo, dejó la decisión final en manos de su esposa. Priscila determinó que debían permanecer en Lungang-Fu y confiar en que Dios les cuidaría.

C.T. no tardó en tener motivos para preguntarse cuan seguros estarían si se quedaban para tener el bebé. Al mandarín, cuya palabra era ley en Lungang-Fu, no le gustaba la presencia de ingleses en su ciudad y constantemente instigaba oposición contra los misioneros, negándose a que C.T. predicara en las calles. A medida que el año avanzaba, sobrevino una gran sequía. Los cultivos en el entorno de Lungang-Fu se malograron y la tierra se resecó. La gente del pueblo culpó a los demonios extranjeros de la sequía, y decían que sus dioses estaban enojados por la presencia de los cristianos en el pueblo.

En septiembre C.T. vio un cartel en el mercado que le dejó la sangre helada al leerlo. El cartel anunciaba que al día siguiente todos en el pueblo debían cerrar las puertas de sus patios y quemar incienso en el exterior de las casas como señal de culto al dios de la lluvia. También escuchó a dos hombres mencionar que un grupo estaba a punto de partir para un pueblo cercano a tomar prestada la imagen del dios de la lluvia, al cual pasearían en procesión por las calles de Lungang-Fu para que oliera el incienso que le ofrecían. C.T. se apresuró en regresar a la casa para poner a Priscila y Mary al corriente de lo que había averiguado.

—¿Que vamos a hacer? preguntó Priscila. Se ofenderán grandemente cuando vean que no quemamos incienso, y nos culparán de enojar a sus dios aún más.

Mary añadió:

—Creo que es una estratagema del mandarín. Lleva buscando la manera de deshacerse de nosotros desde que llegamos, y que mejor manera que amotinar a la gente afuera de nuestra casa.

C.T. suspiró.

—¿Qué nos pueden hacer?

Esa noche C.T. y Priscila se quedaron orando hasta tarde sobre la situación. Cuando despertaron a la mañana siguiente, el aire estaba saturado con el dulce aroma del incienso. C.T. cerró las puertas en espera de lo que sucediera.

Cerca del mediodía oyeron la procesión en la calle. A medida que se acercaba, podían escuchar el cántico: «¡Queremos lluvia. Queremos lluvia! ¡Mueran los diablos extranjeros. Mueran los diablos extranjeros!».

Escucharon un fuerte golpe contra la pared trasera de la capilla, y luego percibieron el olor asfixiante del humo. La turba había prendido fuego al edificio. C.T. actuó con celeridad y llevó a Priscila al patio.

«Cuídala», le gritó a Mary mientras saltaba la pared lateral y corría en dirección a la casa del mandarín, quien tenía el deber de ayudar a todo el que acudiera a él en busca de protección.

Cuando llegó a la casa del mandarín, descubrió que no estaba allí. En realidad, el mandarín se había ausentado convenientemente de la ciudad cuando se enteró de la procesión con el dios de la lluvia. A C.T. aquello le pareció una coartada para no hacerse responsable del derramamiento de la sangre de los extranjeros.

Dado que recurrir al mandarín era inútil, no lo quedó más alternativa que volver a la casa para tratar de proteger a las mujeres. Mientras corría de regreso por la calle, nadie le prestó mucha atención. Todos los ojos estaban fijos en los hombres que habían incendiado la capilla, quienes habían comenzado a atacar la pared exterior de la casa de la misión con picos y hachas.

C.T. se detuvo un momento, preguntándose cómo volver al interior del recinto de la misión; entonces oyó una voz que se elevaba por encima de la multitud. Se trataba de un erudito con quien había dialogado en varias ocasiones.

«¿Qué hacen?» gritó a la multitud. «Mientras pierden el tiempo, el día avanza. Miren al dios de la lluvia: está en la sombra. Recójanlo rápidamente y llévenlo a la luz del sol. Necesita la luz del sol para bendecirnos con lluvia».

En un instante cesaron los gritos y la gente se volvió para mirar al dios de la lluvia, una estatua de piedra que rayaba el metro de altura y descansaba bajo el umbral de una puerta.

«Si lo abandonan, él los abandonará», continuó el erudito, y esa idea pareció movilizar a la turba a la acción. Por encima de todo no querían enojar al dios de la lluvia.

Rápidamente dejaron las hachas y los picos que habían estado empuñando y entre un gran clamor, seis hombres recogieron la estatua de piedra y la cargaron sobre sus hombros. Después la multitud se dirigió al mercado.

C.T. permaneció con la cabeza inclinada esperando a que se marcharan y dando gracias a Dios por salvarlos a los tres de una muerte segura.

El muro sur de la capilla era un montón de escombros humeante, pero Priscila y Mary habían salido ilesas, y la casa de la misión estaba intacta en su interior.

La muchedumbre no volvió ese día, y aunque la lluvia se demoró seis meses más, los misioneros no fueron molestados.

Para sorpresa de C.T., una vez pasado el incidente, la gente del pueblo empezó a buscarlo para hablar de religión. Como resultado, muchos se interesaron en el cristianismo.

Uno de los primeros en convertirse al cristianismo fue un viajero que llegó Lungang-Fu, llamado Liu, quien al principio dudaba de que el Dios cristiano quisiera tener nada que ver con él.

—Soy un asesino… un adúltero… y un adicto al opio. He desobedecido todas las reglas de Dios y de los hombres repetidamente.

C.T. le aseguró que Dios le perdonaría si se arrepentía de las cosas que había hecho. Liu así lo hizo y se convirtió.

—Debo volver a casa, a la ciudad en la que cometí esos pecados tan horribles, y decirle a la gente las buenas nuevas del amor de Jesús.

Después de su marcha, C.T. oraba por él todos los días. Dos meses después, en febrero de 1889, Liu volvió a la casa de la misión en Lungang-Fu.

—Cuando llegué a casa les hablé a mi padre y a mis hermanos del Dios que había cambiado mi vida. No me querían oír hablar de eso porque les recordaba sus propios corazones malvados. Me llevaron al mandarín, quien ordenó que me castigaran con dos mil latigazos con una caña bambú. Oré mientras me golpeaban la espalda hasta que quedé inconsciente.

Liu hizo una pausa para levantarse la parte posterior de la camisa. Tenía la espalda entrecruzada con cicatrices frescas.

—Alabado sea Dios. Me desperté en un hospital cristiano. Supe que algunos de mis amigos me habían subido a una carreta de bueyes y me habían llevado allí. Mi primera idea fue que tenía que volver y seguir predicando en mi pueblo, pero mis amigos trataron de detenerme. Me dijeron que el mandarín ordenaría que me mataran la próxima vez que me viera por allí. Pero estaba seguro de que Dios quería que regresara.

El rostro de Liu se iluminó con una gran sonrisa.

—Así que salté por una ventana del hospital durante la noche y regresé a mi ciudad. A la mañana siguiente comencé a hablar de Jesús con la gente. Y efectivamente, me llevaron ante el mandarín; esta vez me metió en prisión. ¡Qué maravilloso lugar es la prisión! Tenía todo el día para hablar a los otros presos a través de un agujero en mi puerta. El carcelero acabó soltándome porque decía que estaba causando mucha confusión entre los presos y los guardias. Dios es bueno, ¿verdad?

—Por supuesto que Dios es bueno, le respondió C.T.

Los misioneros estaban asombrados ante la fe sencilla de Liu y el precio que tuvo que pagar por la misma. Al escuchar a Liu pensaron que todas las maldiciones y penalidades que habían experimentado habían merecido la pena.

Más adelante, ese mismo mes, Priscila dio a luz a una niña a la que llamaron Grace. C.T. asistió a su esposa durante el parto. La cocinera china no dejaba de observar al bebé, hasta que C.T. le preguntó por qué pasaba tanto tiempo mirando a la niña.

—Me preguntaba si iban a quedarse con ella, ya que es una niña.

—¿Qué quieres decir?

La cocinera se encogió de hombros.

—Muchas madres no se quedan con las niñas, especialmente si ya no tienen un niño. Hay ciertas pagodas fuera de la ciudad donde pueden dejar a las niñas. Los lobos acaban con ellas rápidamente.

A C.T. se le revolvió el estómago. Aunque no puso en duda lo que escuchaba, estaba horrorizado al pensar que una madre pudiera tomar un bebé inocente y abandonarlo para que los animales salvajes lo devoraran. Miró a Grace y movió la cabeza.

—El Dios cristiano nos dice que valoremos todas la vidas. En su reino todos somos iguales. Los niños no son mejores que las niñas, explicó pacientemente.

Lamentablemente, Priscila cayó gravemente enferma después del nacimiento de Grace. C.T. se sintió aliviado cuando una enfermera de la CIM llamada Jessie Kerr vino a visitarlos, especialmente ahora que Mary Burroughs ya no trabajaba con ellos.

Después de pasar unas horas con Priscila, Jessie comunicó las malas noticias a C.T.

—Señor Studd, he probado todo lo que sé y está a mi alcance, pero nada parece tener efecto. La Sra. Studd está empeorando rápidamente. Siento decirle esto, pero no puedo darle esperanza de que se vaya a recuperar. Si por algún milagro Dios le salva la vida, debe llevarla a Inglaterra de inmediato.

Mientras procesaba aquellas palabras, algo dentro de él se rebeló. ¿Llevar a su esposa a Inglaterra... después de que Dios los hubiera llamado a China? C.T. reunió a un pequeño grupo de cristianos chinos alrededor de la cama de Priscila, la ungieron con aceite y oraron para que Dios la sanara. Él permaneció toda la noche orando. A la mañana siguiente, Priscila se sentía mejor e iniciaba su recuperación. C.T. y los creyentes chinos se reunieron para dar gracias a Dios, y en no mucho tiempo Priscila pudo levantarse para continuar su trabajo misionero y cuidar a su hija.

En la primavera, Stanley Smith, uno de Los Siete de Cambridge, y su esposa se unieron a los Studd en Lungang-Fu. Los cuatro decidieron abrir un centro para adictos al opio. Al principio, sólo unos pocos vagabundos se atrevieron a buscar ayuda de los cristianos. Sin embargo, como resultado de la oración y los cuidados de enfermería, algunos de los hombres se liberaron de su adicción y otros adictos comenzaron a venir al centro.

El pastor Shi, quien había oficiado la ceremonia de la boda china del matrimonio Studd en Hoh-chau, se unió a los misioneros en Lungang-Fu, y el trabajo empezó a florecer. Varias donaciones personales importantes de amigos en Inglaterra permitieron a C.T. comprar una casa más grande para que el centro de adictos al opio pudiera expandirse.

Cuando Grace tenía un año, Priscila dio a luz a un niño, a quien llamaron Paul. Tristemente, el bebé vivió solo unas pocas horas. C.T. lo enterró en una esquina del patio y se maravilló de que Priscila nunca derramara una lágrima delante de él y redoblara sus esfuerzos por llegar a las mujeres de la ciudad con el evangelio.

Dado que C.T. había donado toda su herencia, no tenían medios regulares de sustento. De vez en cuando recibían algún dinero que les enviaban amigos o iglesias en Inglaterra. Y debido a que su estilo de vida era muy frugal, la pareja normalmente tenía suficiente dinero para cubrir sus gastos. Sin embargo, un día, poco después de la muerte de Paul, se les acabó el dinero y la comida. El matrimonio decidió orar toda la noche acerca de su situación.

Después de pasar unos veinte minutos arrodillados, C.T. dijo que ya habían orado lo suficiente.

—Ya le hemos dicho a Dios todo sobre nuestra necesidad. No tiene sentido repetirlo, como si fuera sordo o no pudiera entender la urgencia de la situación.

A la mañana siguiente llegó la saca[4] de correo bimensual. C.T. y Priscila abrieron sin demora las

4. Saca: Costal muy grande de tela fuerte, más largo que ancho.

cartas, con la esperanza de que hubiera un cheque de alguien conocido. Pero no había cheques en ninguna de ellas. C.T. revisó la bolsa del correo una vez más y vio que en una esquina había quedado atascado un sobre. Lo sacó y observó la letra desconocida del remitente.

—¿Conoces al Sr. Frank Crossley? Preguntó a su esposa.

—No; no recuerdo haber oído nunca ese nombre.

C.T. abrió el sobre. Dentro había un cheque por cien libras. La carta también contenía una breve nota: «Por alguna razón Dios me ha pedido que le envíe un cheque de cien libras. No le conozco; he oído hablar de usted en alguna ocasión, pero Dios me ha impedido dormir esta noche. No sé por qué me ha pedido que le envíe esto, usted lo sabrá mejor. De todos modos, aquí está; espero que le sea de provecho».

En ese preciso instante, el matrimonio Studd convocó una reunión de oración para dar gracias a Dios por su provisión.

El trabajo misionero en Lungang-Fu continuó, y en 1894 el centro para recuperación de adictos al opio albergaba a cincuenta personas, en su mayoría hombres pero también algunas mujeres e incluso algunos niños.

Para entonces, el número de niños en el hogar de los Studd había aumentado con la llegada de Dorothy, Edith y Pauline, nacidas con un año de diferencia. Dar a luz a cinco bebés en menos de seis años había desgastado físicamente a Priscila, y la salud de su marido no era mucho mejor. C.T. había contraído asma debido al rigor del clima y al humo en las habitaciones donde pasaba gran parte de su tiempo compartiendo el evangelio con la gente.

Pasado un tiempo llegó una carta de la madre de C.T., pidiéndole volver a Inglaterra para un período de descanso, ya que otros misioneros la habían informado sobre las pésimas condiciones de salud de su hijo y nuera. En la carta enviaba suficiente dinero para cubrir todos los gastos del viaje. Sin embargo, C.T. no estaba seguro de que todos tuvieran que volver a Inglaterra. Oró sobre este asunto durante seis meses hasta que sintió que era lo correcto. La familia empacó rápidamente y se dirigió al este, hacia Shanghái.

Cuando dejó Inglaterra hacía 10 años, C.T. era un joven soltero y héroe deportivo en plena forma física. Ahora regresaba con la salud frágil y con una esposa y cuatro niñas pequeñas, ¡ninguna de las cuales hablaba inglés! Al subir al barco en Shanghái que les llevaría a Inglaterra, se preguntó cómo se adaptarían al estilo de vida de clase alta de su familia. Y también cómo encajaría él en una sociedad tan «refinada».

Capítulo 8

La India

—¡Papi, papi!

C.T. levantó la mirada al escuchar a sus tres hijas mayores, encabezadas por Grace que tenía seis años, entrar en el camarote. Todas tenían reflejada una expresión de asombro en sus rostros.

—¿Qué ocurre, niñas?

—No entendemos a esos misioneros, dijo Grace enfáticamente. Sólo tocan música, ¡nunca cantan himnos ni oran! ¿Qué les pasa?

C.T. pensó por un momento y luego soltó una carcajada. Los «misioneros» a los que se referían sus hijas eran en realidad miembros de una banda de música que viajaban en el barco con ellos. La banda daba un concierto todas las tardes, y a las chicas se les permitía sentarse a escuchar. Ninguna de las niñas había visto con anterioridad a una persona blanca que no fuera misionera.

Eventualmente, después de que los niños estuvieran confinados en un espacio reducido durante demasiado tiempo, el barco atracó en Londres. Kinny, a quien C.T. no había visto durante diez años, les esperaba.

Después de desembarcar, C.T. envió a Priscila y las cuatro niñas a la casa de su madre en Hyde Park Gardens mientras él esperaba con Kinny a que descargaran su equipaje.

Los dos hermanos tenían mucho de lo que hablar durante la espera. Mientras C.T. había estado en China, Kinny había realizado un exitoso viaje evangelístico a los Estados Unidos por invitación de Dwight L. Moody. Le contó a su hermano que muchas universidades estadounidenses le habían abierto sus puertas para que hablara a los estudiantes sobre los Siete de Cambridge. Muchos estudiantes captaron la visión misionera al escuchar a Kinny, y formaron un grupo denominado Student Christian Movement (Movimiento estudiantil cristiano), cuyo objetivo era movilizar a miles de estudiantes para llevar el evangelio hasta los confines de la tierra, con la esperanza de evangelizar todo el mundo en una sola generación.

C.T. escuchó atentamente a Kinny y deseaba encontrarse lo suficientemente bien de salud para iniciar una gira similar con el propósito de decirle a la gente sobre la necesidad de misioneros en China. Pero su salud no se lo permitía. El dolor del pecho era tan agudo que Kinny se preguntaba si no sería tuberculosis en lugar de asma.

Después de que la familia se instalara en la casa de Hyde Park Gardens, la madre de C.T. insistió en que él, Priscila y las niñas se hicieran un chequeo médico. Durante el mismo, el doctor confirmó que C.T. padecía asma crónica y no tuberculosis. El médico también descubrió que la afección cardíaca de Priscila había empeorado después de dar a luz a cinco bebés y que estaba nuevamente embarazada. La salud de las niñas, no obstante, era óptima.

En la casa de Hyde Park Gardens, las niñas eran una fuente tanto de frustración como de diversión para sus padres. La madre de C.T. llevaba la casa de acuerdo con una firme rutina. Tenía un cocinero, un mayordomo y dos sirvientas para atender sus necesidades y las de sus invitados y, cuando supo del regreso de C.T., contrató una niñera para Pauline y una niñera para las otras tres niñas. Y ahí es donde comenzaron los problemas. Las niñas hablaban poco inglés y la niñera tenía dificultades para comunicarse con ellas. Muchas de las cosas que intentaba hacer carecían de sentido según la forma de pensar china de las niñas. Y cuando la situación alcanzaba límites insostenibles, la niñera encerraba a una de ellas en el baño. Cuando eso ocurría, las otras hermanas bailaban y gritaban en chino alrededor de la niñera. Ésta se asustaba y tenía que liberar a la «cautiva» para mantener la paz.

Gradualmente, las niñas comenzaron a adaptarse y Priscila se preparó para la llegada de otro bebé. Era la primera vez que un médico estaba presente en el parto, aunque su asistencia hizo poca diferencia. El niño nació débil y enfermizo y murió dos días después. Una vez más C.T. y Priscila tuvieron que lamentar la muerte de un hijo. Las niñas mayores también sintieron la pérdida de su hermanito.

A pesar de ello, la fe de C.T. permaneció inmutable, y aprovechó su estancia en Inglaterra para convertirla en su campo misionero. Gracias al descanso, el asma se había estabilizado y organizó una serie de reuniones en las Islas Británicas para informar de los detalles de su trabajo en China y desafiar a la audiencia con la necesidad de enviar más misioneros a proclamar el evangelio. Dondequiera que iba, la gente acudía en masa para escuchar al gran jugador de críquet que había abandonado su fortuna para seguir a Cristo.

Mientras estaba en Gales, se quedó con una prima, Dollie Thomas, a la que persuadió para que lo acompañara a una de las reuniones. Dollie no quedó impresionada con su mensaje, y así se lo hizo saber de regreso a casa.

—¿De veras, C.T.? lo reprendió. Qué cosa tan horrible has dicho esta tarde, que «la religión verdadera es como la ¡viruela! Si la contraes, se la transmites a los demás y así se propaga». ¿En qué estabas pensando… comparar la religión con una enfermedad?

—Bueno, así es como yo lo veo. Estoy tratando de presentar mi mensaje de forma que la gente común lo entienda. Y pensé que entenderían esa analogía, ¿no crees?

Su pregunta fue respondida con un silencio sepulcral que continuó durante todo el trayecto de regreso. Cuando llegaron a la casa, Dollie pidió a la sirvienta que les preparara chocolate y cuando estuvo listo, la prima le ofreció una taza, pero él siguió hablando e ignoró por completo el hecho de que le estaba ofreciendo el chocolate. Dollie se enfadó por su descortesía.

C.T. sonrió, y observando la taza que Dollie le ofrecía, dijo:

—Así es exactamente cómo estás tratando a Dios. Él te está brindando el regalo de la vida eterna, y tú ignoras su ofrecimiento.

—Nunca había oído tal cosa, dijo Dollie antes de dejar la taza y el platillo sobre una mesa cercana y abandonar precipitadamente la habitación.

No tuvieron más conversaciones sobre religión después de eso, pero C.T. oró para que Dollie respondería al evangelio.

Dos días después, cuando regresó a Londres, un telegrama lo estaba esperando. Decía escuetamente: «Tengo la viruela»... Dollie.

C.T. continuó su gira de conferencias por las Islas Británicas hasta 1896, año en que fue invitado a cruzar el Océano Atlántico para hablar a estudiantes en los Estados Unidos. Aceptó la invitación, y en octubre de ese año dejó a Priscila, que aún no estaba recuperada, y a las niñas bajo el cuidado de su madre y partió para la que se convertiría en una gira de 18 meses.

Durante su estancia en los Estados Unidos hablaba en reuniones hasta en cinco o seis ocasiones al día. También realizó miles de entrevistas privadas con estudiantes. Le escribía a Priscila con regularidad y a menudo incluía recortes de periódicos sobre su reuniones, aunque no siempre estaba contento con lo que decían de él en los artículos.

Uno de los artículos se centraba en su dedicación misionera y los grandes sacrificios que había hecho. En uno de los márgenes C.T. escribió a Priscila, «Esta es la clase de podredumbre que escriben en los periódicos. Un día, un hombre se levantó y dijo algo así justo antes de que hablara, así que me levanté y dije: "Si hubiera sabido que iba a decir esto, hubiera llegado un cuarto de hora más tarde. Inclinemos nuestras cabezas y lavémoslo con una oración"».

Durante la Navidad viajó por Nebraska y Kentucky dando conferencias. En enero habló en universidades de Pensilvania y Ohio. Disfrutaba desafiando a las personas que venían a escucharlo a que entregaran todo a Cristo. En una de sus cartas a Priscila escribía: «Esta vida es sencillamente encantadora. Por todas partes las almas se están despertando. Dios las ha preparado».

Cuando finalmente regresó a Inglaterra en abril de 1898, encontró a Priscila enferma y deprimida.

Ella había hecho todo lo posible para educar a las niñas durante su ausencia, pero la niñera y la madre de C.T. habían dificultado su tarea. C.T. y Priscila tenían ideas muy definidas sobre cómo planeaban vivir y criar a sus hijos. Era una vida en la que el enfoque no estaba en las posesiones materiales o incluso en la educación, sino en obedecer la Palabra de Dios. Pero vivir en una familia tan rica, con primos ricos yendo y viniendo, arrastró a las muchachas hacia los placeres de un estilo de vida materialista.

C.T. y Priscila estaban muy perturbados por la situación y anhelaban volver a la vida misionera, donde sus hijas estarían lejos de esas influencias mundanas. No fue de extrañar que cuando supo de una oportunidad de ir a la India, no dudó en aceptarla. El Sr. Vincent, viejo amigo de su padre, se ofreció para pagar el viaje hasta Tirhoot, en el norte de la India, donde su padre había hecho su fortuna. Desde su conversión, C.T. había soñado con ir a la India a predicar el evangelio a los nativos que sirvieron en las plantaciones de añil de su padre, y por fin tenía la oportunidad de hacerlo.

Partió sólo para la India, con la idea de que cuando encontrara un lugar para establecerse, Priscila y las chicas se unirían a él. Como de costumbre, C.T. causó una gran impresión cuando puso pie en una India dirigida por los británicos. Había pocos ingleses, o expatriados, como eran llamados, que no hubieran seguido su carrera de críquet y se preguntaran qué le habría sucedido con el transcurso de los años.

La respuesta no se hizo esperar. El famoso ex-jugador de críquet hablaba con entusiasmo con todos los que encontraba a su paso, tanto indios como ingleses. Contrató un intérprete y se fue a las antiguas plantaciones que su padre había tenido para hablar con los trabajadores. Y quedó gratamente sorprendido al comprobar que muchos de los trabajadores mayores aún recordaban a su padre.

Mientras estaba en Tirhoot, escuchó hablar de un grupo llamado Sociedad de evangelización Anglo-India, por cuyo trabajo sintió una atracción inmediata. La sociedad trabajaba con los expatriados, quienes a menudo estaban aislados del compañerismo y la enseñanza cristiana. A través de sus contactos con el grupo, C.T. averiguó que había una vacante para pastorear una iglesia de la Union Church en la región montañosa del sur de la India. El pueblo se llamaba Ootacamund, u Ooty, como todos lo llamaban. Ooty era un refugio para los expatriados: personal del ejército, funcionarios gubernamentales y empresarios. Todos acudían atraídos por el clima más fresco y el aire de la montaña para encontrar amparo del calor sofocante del verano en las llanuras. Ooty estaba a casi dos mil trescientos metros sobre el nivel del mar, y su clima era muy similar al de Inglaterra en verano.

C.T. indagó más a fondo sobre el trabajo y descubrió que incluía casa y salario. También averiguó que dos tercios del tiempo del pastor debían ocuparse en Ooty, mientras que el otro tercio se emplearía visitando a los ingleses que residían en lugares remotos. A C.T. le pareció un trabajo adecuado y presentó una solicitud.

Un emocionante día de mayo le comunicaron que era el elegido para pastorear la Union Church en Ootacamund. Inmediatamente escribió a Priscila notificándola que empacara sus pertenencias y viajara con las niñas a la India.

Priscila y sus hijas llegaron a Ooty en octubre de 1900, junto a una institutriz contratada por la madre de C.T. Por primera vez en cinco años, la familia

Studd vivía junta como una sola unidad. Las chicas estaban encantadas con la nueva libertad, lejos de la mirada de sus familiares. La hija mayor, Grace, tenía casi doce años y la menor, Pauline, tenía seis años.

Mientras observaba a sus hijas, C.T. era dolorosamente consciente de que se había perdido una buen parte de su infancia y trató de compensarlo. Él y las chicas participaban juntos en todos los eventos que tenían lugar en Ooty, y que incluían: golf, paseos a caballo, polo, tenis y, por supuesto, críquet. No tardó mucho tiempo en recuperar su antigua forma y estaba bateando doble centurias (una centuria en críquet equivale a 200 carreras), hazaña que sólo se había logrado una vez antes en la India. Cuando terminaban los partidos, C.T. invitaba a los jóvenes ingleses, muchos de ellos oficiales del ejército, a su casa para hablar del cristianismo. Hablaban hasta tan tarde que a menudo sus invitados tenían que pasar la noche en la casa de los Studd.

Hubo tantas conversiones como resultado de esas conversaciones que a los que visitaban Ooty les advertían, «No vayan a la Union Church a menos que ¡quieran convertirse!». Eso era precisamente lo que C.T. pretendía. Y cuando sus propias hijas se le acercaron para pedir ser bautizadas, quedó especialmente complacido.

El inconveniente era dónde bautizar a las chicas, ya que ninguno de los arroyos o ríos cercanos a Ooty eran lo suficientemente profundos para un bautismo. Finalmente se le ocurrió una solución. Ordenó al jardinero que cavara uno de los lechos de flores hasta una profundidad de un metro y veinte centímetros. A continuación se fue a la ciudad y compró una enorme caja revestida de zinc, que depositó en el hoyo. En la mañana del bautismo, llenaron de agua la caja revestida de zinc. Como era un día particularmente frío, trajeron muchos calderos con agua hirviendo desde la casa para que el agua en el bautisterio improvisado estuviera tibia. Pero como la caja goteaba, tuvieron que agregar agua constantemente para mantener el nivel.

Varios misioneros y amigos cristianos, entre ellos Amy Carmichael, que dirigía una fructífera obra misionera en Dohnavur, en el extremo sur de la India, presenciaron el bautismo. Amy hizo muchas preguntas a las chicas sobre la fe y su deseo de bautizarse y le dijo a C.T. lo impresionada que estaba con las respuestas. Después del bautismo todos fueron a la casa de los Studd, donde tuvieron una servicio de comunión.

La vida en Ootacamund era maravillosa, excepto por un detalle. El clima húmedo y fresco que atraía a tanta gente al pueblo era el tipo de clima que resultaba altamente perjudicial para alguien con asma. Al principio C.T. no se vio muy afectado, pero con el paso de los años el asma comenzó a empeorar otra vez. De hecho, se agravó tanto que Priscila escribió a la familia describiendo la condición de su marido como una «calamidad». Tuvo que desistir de jugar al críquet, y resoplaba y resollaba[1] cuando caminaba incluso una corta distancia, como la que separaba su casa de la iglesia. Eventualmente, tuvo que admitir que estaba demasiado enfermo para continuar con sus deberes como pastor. Adicionalmente, en 1906 las niñas habían tenido ya tres institutrices, enviadas desde Inglaterra por su madre, quien no pudo encontrar a una cuarta. Lo cual, combinado con su deficiente salud, le hizo pensar en la posibilidad de regresar a casa. Cuando oró al respecto, se dio cuenta de que su tiempo en la India había terminado.

1 Resollaba: Dicho de una persona o de un animal: Absorber y expeler el aire por sus órganos respiratorios.

Mientras Priscila lo ayudaba a subir al barco de vapor con rumbo a Inglaterra, la incertidumbre acerca de lo que el futuro podría depararle era evidente. Se preguntó si con 46 años había llegado al fin de su ministerio misionero. ¿Mejoraría su salud lo suficiente para continuar realizando el trabajo que tanto amaba?

Capítulo 9

Por falta de un misionero cristiano

De regreso en Londres, la familia se instaló una vez más con la madre de C.T., quien para entonces era ya una anciana, aunque estaba muy contenta de tener la compañía de sus cuatro vivaces nietas. Sin embargo, no permanecieron con ella por mucho tiempo. Dora, la hermana de C.T., y su esposo, Willie Bradshaw, se ofrecieron para pagar los gastos de enviar a las tres mayores a una escuela en Suiza, con la esperanza de que pudieran recuperar el tiempo perdido en la India. C.T. y Priscila pensaron que era un buen plan, y enviaron a Grace, Edith y Dorothy a la nación transalpina.

La partida de las muchachas redujo el estrés de Priscila y C.T. pudo recuperarse del asma. Efectivamente, con el descanso, el asma comenzó a estabilizarse, y tan pronto se encontró lo suficientemente bien, C.T. empezó a viajar y a predicar de nuevo.

Todo el mundo, desde institutos policiales hasta YMCA y las capillas Wesleyanas, lo invitaron para que hablara. Aceptó cuantas invitaciones pudo acomodar en su agenda, y en el transcurso de dos años, desafió a decenas de miles de ingleses a responder al evangelio y ser misioneros.

Incluso la prensa secular elogió la franqueza en su manera de hablar. Al final de una de las reuniones en Handsworth, C.T. desafió a la audiencia con estas palabras:

> Nosotros, los cristianos de hoy día, somos ciertamente una clase tibia. Si tuviéramos la mitad del fuego y del entusiasmo de las sufragistas de antaño, habríamos evangelizado el mundo ya... Si tuviéramos el coraje y heroísmo de los hombres que se aventuran en expediciones polares o en escalar el Everest o en cualquier otra empresa temeraria, conseguiríamos que cada alma en la tierra escuchara el nombre de Jesucristo en menos de diez años. ¡Arrodíllate y toma la Biblia! Decídete de una vez. No te escabulles. El tiempo vuela, cesa de insultar a Dios. Desiste de consultar con carne y sangre. Abandona tus estúpidas mentiras y cobardes excusas.

Un diario de Birmingham escribió lo siguiente sobre esa reunión:

> El Sr. Studd es un misionero a emular[1]. Y lo mismo pensó el grupo de universitarios de Handsworth mientras vitoreaban a un hombre de cuerpo atlético, rostro joven y corbata roja. Después de más de veinte años en el campo misionero rebosa vida y buen humor; no hay pesimismo ni tibieza en él; ama, enseña lo que cree, mantiene una mirada

1 Emular: Imitar las acciones de otro procurando igualarlas e incluso excederlas.

valiente y un rostro brillante en todo momento. Ninguna sutileza parece desconcertarlo; su fe es tan valiente como su discurso es claro y directo.

La demanda de sus enseñanzas fue tan grande, que C.T. tuvo que compilarlas en un librito que tituló *The Chocolat Soldier (El soldado de chocolate).* En él, animaba a hombres y mujeres cristianos a no derretirse como el chocolate cuando se enfrentaran a circunstancias difíciles y les exhortaba a perseverar en Dios. El libro fue un éxito instantáneo.

Sus hijas duraron dieciocho meses en la escuela de Suiza antes de convencer a su padre de que nunca dominarían el francés. C.T. les permitió volver a casa y matricularse en Sherborne School, una de las mejores escuelas para chicas de Inglaterra. Una vez más, Dora y Willie pagaron generosamente los gastos de la matrícula de sus sobrinas.

Siempre que le era posible, Priscila acompañaba a su marido en los viajes. Pero ambos continuaban anhelando regresar al campo misionero, aunque pareciese poco probable. No obstante, C.T. esperaba y oraba que Dios les permitiera volver a China. A lo largo de los años se había mantenido al tanto de los avatares en la vida de los otros miembros de Los siete de Cambridge. En 1900 Cecil Polhill-Turner había regresado a Inglaterra a causa de su mala salud. Montagu Beauchamp había sido evacuado durante la Rebelión de los Bóxer, pero había podido regresar a China. Y Dixon Hoste era ahora el director de China Inland Mission, responsabilidad que ejercía desde que Hudson Taylor renunciara al cargo.

En 1908 C.T. había viajado por Inglaterra tantas veces que se preguntaba qué le depararía el futuro. Consideró seriamente regresar a la India y vivir en las llanuras, donde el clima no sería tan perjudicial para el asma. Pero cierto día, en Liverpool, mientras paseaba por la calle principal de la ciudad después del almuerzo, vio en la ventana de un edificio un gran cartel que decía: «Los caníbales quieren misioneros». ¡Por supuesto que los quieren! Los misioneros deben estar tan sabrosos como cualquiera, se dijo para sí mismo. Pero el letrero había despertado su interés, y decidió entrar para averiguar quién había colocado el cartel.

En el interior le dirigieron a un gran salón de reuniones, donde un hombre con un marcado acento alemán estaba hablando. C.T. lo reconoció de inmediato; era Dr. Karl Kumm. El Dr. Kumm era muy conocido en Inglaterra como el misionero que había cruzado África a pie. C.T. se quitó el sombrero y tomó asiento en la parte posterior del salón. El Dr. Kumm decía en ese momento:

> Cuando llegué al centro del continente, encontré varias tribus que nunca habían escuchado hablar de Jesucristo. Le pregunté a uno de los jefes si alguna vez había visto una persona blanca, y respondió que había visto a muchos como nosotros. Algunos eran cazadores de caza mayor[2], otros eran comerciantes, funcionarios y científicos, pero ninguno de ellos había sido lo suficientemente cristiano como para hablarles de las buenas nuevas del evangelio. Amigos míos, tenemos que ir pronto, los musulmanes están barriéndolo todo desde el norte con su religión falsa, y nadie está hablando de Cristo.

Las palabras de Karl Kumm penetraron el corazón de C.T., que oró en silencio: Señor, ¿por qué no han ido los cristianos?

2 Caza mayor: caza de jabalíes, lobos, ciervos u otros animales semejantes.

Sintió que Dios le respondía: ¿Por qué no vas tú?

El doctor no lo permitirá, dijo C.T., continuando el diálogo interior.

¿Acaso no soy yo el buen médico? ¿Acaso no puedo yo cuidarte y mantenerte mientras estés allí? respondió la voz interior.

No había nada más que decir; inesperadamente, C.T. sintió un claro desafío para ir a África. Su edad, tenía 48 años, su deficiente estado de salud y el hecho de no tener dinero resultaban factores irrelevantes para él. Sabía que tenía que ir al continente conocido como la tumba del hombre blanco.

Concluida la reunión, habló con el Dr. Kumm y acordaron viajar juntos por el norte de África, de este a oeste. Pensaban predicar y evaluar diferentes lugares a lo largo del camino como posibles puntos de misión.

C.T. regresó a Londres con un nuevo propósito para su vida: ¡evangelizar África! Pero se encontró con un muro de resistencia cuando mencionó el nuevo objetivo a su esposa y a su madre. Su madre apenas podía creerlo. Tan pronto tuvo certeza de que su hijo hablaba en serio sobre ir a África, estalló en lágrimas y le rogó que fuera más sensato.

Priscila estaba igual de horrorizada y sollozó:

—¿Como has podido...? Esto romperá la familia, y tú no sobrevivirás allí.

C.T. permaneció imperturbable. Había sentido el llamado de Dios a África, y eso ocupaba todos sus pensamientos. Para su gran decepción, la salud le impidió salir de Inglaterra. Cuando llegó el momento de zarpar para África, el Dr. Kumm tuvo que viajar sólo mientras él permanecía postrado en la cama aquejado de una intensa fiebre.

Estaba devastado, pero era poco lo que podía hacer. Sencillamente le faltaban las fuerzas para levantarse de la cama y empacar el equipaje. Su esposa y su madre se abrazaron, seguras de que sus oraciones habían sido respondidas.

La vida continuó su curso en el hogar de los Studd. Dorothy fue cortejada y luego se casó con Gilbert Barclay, y ambos se mudaron al norte de Inglaterra, donde Gilbert asumió la responsabilidad de pastorear una iglesia. Un año después, Grace siguió los pasos de su hermana Dorothy, casándose con un anciano viudo llamado Martín Sutton y mudándose más adelante a una lujosa casa llamada Wargrave Mansion.

Después de recuperarse de la enfermedad, C.T. continuó viajando por las Islas Británicas, predicando dos o tres veces al día. Sin embargo, en la Conferencia Mundial Misionera celebrada en Edimburgo, Escocia, en 1910, su fe fue nuevamente desafiada. John R. Mott era uno de los conferenciantes invitados. John se había convertido durante la gira de evangelización de Kinny Studd por los Estados Unidos, y ahora dirigía el Movimiento estudiantil cristiano. Uno de sus mensajes durante la conferencia fue «Predicar el evangelio a todos los no cristianos del mundo». Las palabras de John impactaron profundamente a C.T., hecho que se vio reforzado cuando Karl Kumm subió al púlpito. El Dr. Kumm acababa de regresar de África y una vez más desafió a la audiencia.

—Hay 26 tribus que todavía no han sido evangelizadas. La población de las mismas oscila entre los cinco mil miembros en la más pequeña y dos millones en la más poblada. Estas tribus, que viven a lo largo de las fronteras de África central, se interponen en el camino del avance del islam. Si terminan convirtiéndose al islam por falta de misioneros cristianos, será para nuestra eterna vergüenza.

C.T. volvió a sentir la llamada del Señor a África. Los oradores de la conferencia inspiraron a muchos otros, y al final de la misma, un grupo de hombres de negocios formó un comité para respaldar financieramente a los misioneros que quisieran ir a trabajar con las tribus no evangelizadas. El comité acordó sufragar los gastos de C.T. para que pudiera ir a África con el Dr. Kumm. Sin embargo, pusieron una condición: C.T. debía superar un reconocimiento médico.

Los planes para el viaje se elaboraron con prontitud y se fijó la fecha de partida en barco. Pero a medida que se acercaba el día señalado, seguía eludiendo el examen médico. Finalmente el comité le dijo que tenía que ver a un médico, y así lo hizo. Los resultados, sin embargo, no fueron de su gusto. El médico estuvo de acuerdo en que viajara por el norte del continente africano. No obstante, advirtió que bajo ninguna circunstancia debía viajar al sur de Jartum, Sudán, una zona conocida por los casos graves de malaria y la enfermedad del sueño. C.T., sin embargo, no estaba dispuesto a aceptar tal condición, por lo que el comité le retiró su apoyo.

Estaba decidido a viajar. Iría sólo a África, si era necesario, para elaborar un informe sobre las zonas que aún necesitaban misioneros. En la siguiente reunión del comité les dijo: «Señores, Dios me ha llamado a ir, y yo voy a ir. Abriré el camino aunque mi tumba sirva sólo como un peldaño para los más jóvenes que puedan ir. Jesús nos dice que "el que pierda su vida por causa de mí y del evangelio la hallará". En lo que a mi respecta, si pierdo la vida siguiendo a Jesús, que así sea».

El barco en el que debía viajar a África partía en apenas tres semanas, pero C.T. no tenia dinero para comprar el pasaje. No le dijo a nadie que el comité le había retirado su apoyo, y optó por continuar su gira de despedida, confiando que Dios proveería el dinero de alguna otra manera. Dos semanas antes de viajar se encontraba predicando en la Linnacre Mission en Liverpool. Como en él era habitual, no pidió que tomaran una ofrenda o le dieran dinero por hablar. Después del servicio, un desconocido le puso un billete de diez libras en la mano. No era suficiente para el pasaje, pero era algo. Durante las dos próximas semanas, le llegó más dinero de fuentes inesperadas, hasta que por fin tuvo suficiente para comprar el billete.

Priscila y su madre continuaban molestas por su marcha, pero se habían acostumbrado a la idea en los dos años que habían transcurrido desde que lo mencionara por primera vez. C.T. le recordó a su esposa la promesa mutua que se habían hecho el día de su boda, hacía ya veintidós años, de no ser un obstáculo para servir a Dios. Le explicó a Priscila, tan gentilmente como pudo, que Dios lo había llamado a África y no podía ignorar ese llamado. También le dijo que no quería que viajara con él, debido a los múltiples peligros que sin duda se avecinaban. El viaje sería arduo para una persona de salud frágil, pero a dos personas de salud quebradiza les resultaría imposible alcanzar los objetivos del mismo. Y él sentía que necesitaba estar libre para moverse de acuerdo a la guía de Dios.

El 15 de diciembre de 1910 zarpó a bordo del SS Warwickshire con destino a África. Era un frío y sombrío día, acorde con su estado de ánimo. Había sido extremadamente difícil dejar a la familia sin tener idea de si los volvería a ver o cuándo.

En el barco, se sentó en una mesa del salón y oró para que Dios lo consolara del torbellino emocional que sentía por dejar a la familia. Mientras oraba, el pensamiento más sorprendente cruzó su mente. «Este viaje no es sólo por Sudán», parecía decirle una voz. «Es para todo el mundo no evangelizado».

C.T. movió la cabeza. ¡Parecía ridículo que un hombre de 50 años, que se dirigía al Sudán sin apenas respaldo y sin compañeros misioneros, pudiera alterar el curso de la historia misionera! Sin embargo, a medida que el viaje avanzaba, no pudo olvidar aquellas palabras. Era como si estuvieran esculpidas en su mente.

Durante el viaje le envió cartas a Priscila desde cada uno de los puertos en los que el barco hizo escala. Sabía el gran sacrificio que su ausencia representaba para ella y esperaba consolarla cuando percibiera la emoción y certeza que él sentía sobre lo que estaba por venir. El 20 de diciembre se sentó en un escritorio del salón del barco para escribir a su esposa.

> Dios me dice que toda mi vida ha sido una preparación para los próximos diez o más años. ¡Ha sido una disciplina dura, una gran agonía! El asma y todo lo que ello ha significado. ¡Un morir día y noche! ¡La debilidad del cuerpo! ¡Ser menospreciado por la gente del mundo! ¡La pobreza! ¿Qué si he sido tentado? Tentado a dejar de trabajar para ¡Cristo, para los doctores, para los parientes, para la familia, para los cristianos!

Observó el horizonte gris acero durante unos minutos antes de continuar.

> Las cosas pasan por mi mente como un aluvión, y Dios me habla cada vez que me acuesto, y me asegura que va a hacer algo maravilloso. Querida Priscila, ¿recuerdas Shanghái? Esos días se volverán a repetir, pero serán incluso mejor. Oh, esta nueva cruzada arde en mi cerebro y en mi corazón.

En enero, cuando el SS Warwickshire se aproximaba a la costa de África, escribió otra carta llena de franqueza a su esposa.

> Consagrémonos a Jesús en nuestra vejez. Él ha hecho tanto por nosotros... Nos ha ayudado a continuar, ha cuidado de nuestras hijas y las ha salvado. Quiera Dios que como un regalo por nuestras bodas de plata nos dé esta noble obra en África... Rara vez en la vida dos personas tienen la oportunidad de renunciar a todo dos veces, pero a nosotros se nos ofrece este privilegio. Agarrémoslo con ambas manos.

Capítulo 10

Por fin... África

Listo y ansioso por explorar posibles ubicaciones misioneras en el continente africano, C.T. Studd desembarcó del SS Warwickshire en Mombasa, Kenia. De Mombasa se dirigió a Nairobi, donde se quedó con una familia cristiana para la que Karl Kumm le había dado una carta de presentación. En Nairobi comenzó a recopilar mapas e información sobre Sudán, una gran franja de tierra que se extendía unos cuatro mil kilómetros al sur del Desierto del Sahara, entre el río Níger al oeste y el Nilo al este. C.T. pasó días estudiando los mapas, muchos de ellos imprecisos en cuanto a la geografía de la región, y visitando a los líderes de las iglesias en Nairobi para averiguar cuántos puntos de misión e iglesias conocían en Sudán.

Finalmente, seis semanas después de llegar a Kenia, estaba preparado para partir. Había convencido al Obispo Gwynne y al Archidiácono Shaw, miembros de la Church Mission Society (CMS), para que le acompañaran en el trayecto. Su plan era viajar al norte hasta Jartum para desde allí emprender una marcha de cerca de mil quinientos kilómetros en dirección suroeste, a través de una región conocida como Bahr al Ghazal. Junto a C.T. y sus dos compañeros viajaban diez porteadores y veintinueve burros cargados de provisiones para el camino.

Cuando partieron era la época de las lluvias, por lo que el progreso fue lento. Aun así, aprovechaban al máximo cada oportunidad y predicaban cada vez que encontraban una tribu dispuesta a escucharles, a la vez que tomaban copiosas notas sobre lo que descubrían en la región. Sin embargo, a medida que avanzaban, C.T. tuvo la clara sensación de que viajaban en la dirección equivocada. La región estaba escasamente poblada, y pensaba que con cierto grado de organización, la CMS podría evangelizar fácilmente toda el área de Bahr al Ghazal por sí sola.

C.T. se preguntaba dónde estaban las grandes masas de africanos sin evangelizar de las que tanto había oído hablar. Mientras hablaba con la gente a lo largo de la ruta, averiguó que las masas de gente que buscaba estaban más allá de la frontera sur del Sudán, en el Congo Belga, donde, le dijeron, vivían millones de personas indigentes que nunca habían oído hablar del evangelio. Antes de que concluyera el periplo[1] a través de Bahr al Ghazal, sabía que estaba destinado a trabajar en el Congo.

Transcurridas diez semanas, el grupo regresó a Jartum. Sólo cinco burros habían sobrevivido los rigores del viaje, y varios de los porteadores habían desertado por el camino. Pero C.T. estaba feliz, ya que su salud había sido excelente todo el tiempo, una señal, estaba

1 Periplo: Recorrido o trayectoria espirituales, doctrinales, ideológicos, etc., de una persona.

convencido, de que Dios quería que estableciera una obra misionera en el Congo Belga. Su plan era volver a Inglaterra y reunir a un pequeño grupo de dedicados temerarios que regresaran a África con él. Pero su proyecto tuvo que esperar. A los pocos días de volver a Jartum, cayó enfermo con un severo ataque de malaria que le tuvo postrado en cama durante ocho semanas, antes de sentirse con suficientes fuerzas para viajar a Inglaterra.

Cuando regresó a casa todavía se encontraba débil, y casi todos lo criticaron por haber ido a África. Pasó la mayor parte del verano de 1911 recuperándose, pero mientras su cuerpo descansaba, su mente bullía con ideas.

Un cuaderno y un lápiz lo acompañaban en todo momento. A medida que pasaban los días, una organización misionera distinta se perfilaba en sus apuntes. C.T. llegó a la conclusión de que ya había suficientes organizaciones misioneras para apoyar a los misioneros «convencionales». Lo que él pretendía era reclutar y entrenar a un grupo de jóvenes que fueran a los lugares más peligrosos de la tierra sin importarles su seguridad personal. Sería una unión misionera compuesta por muchas denominaciones la que abriría un camino que otros grupos misioneros pudieran seguir. Esta sería la declaración de objetivos de la nueva misión:

> Por este motivo nos hemos agrupado bajo el nombre de «Los etcéteras de Cristo», e invitamos a otros miembros del pueblo de Dios a unirse a nosotros en esta gloriosa empresa... Nos regocijamos y damos gracias a Dios por el buen trabajo que se lleva a cabo en las tierras ya ocupadas por las fuerzas regulares[2] de Dios. Nos proponemos atacar y

2 Regulares: Dicho de un ejército: Que está encuadrado y dirigido legalmente por mandos profesionales.

> ganar para Cristo sólo aquellas partes del imperio del diablo situadas más allá de los puestos más remotos del ejército regular de Dios. Los etcéteras de Cristo son una unión misionera cristiana y, por tanto, una fraternidad internacional; una Cruzada de Evangelización Mundial complementaria.

Tan pronto estuvo lo suficientemente bien, se puso en marcha para dar a conocer sus nuevas ideas. Había decidido llamar a la nueva misión, la Misión del corazón de África, o H.A.M por sus siglas en inglés. Le resultó muy reconfortante comprobar que el público inglés no había olvidado a su viejo héroe deportivo, y como en tantas ocasiones anteriores, grandes multitudes se congregaban para escucharlo hablar.

En las reuniones tenia un único mensaje para la audiencia «Quinientos millones de paganos aún no han sido evangelizados. El corazón de Asia, el corazón de África, y casi todo el continente de América del Sur, no ha escuchado el evangelio de Cristo. Sí, cantamos: "Adelante, soldados cristianos, marchando como a la guerra", y ¿luego?... ¿y después?... susurramos: "Te ruego que me excuses". ¡Qué gloriosos farsantes somos! Hemos estado esperando demasiado tiempo para que otros hagan el trabajo. El tiempo de esperar se ha terminado. Ha llegado la hora de Dios. ¡Se ha declarado la guerra! ¿No nos dijo el mismo Cristo que las puertas del infierno no prevalecerían contra nosotros? ¿Qué tiene que temer la gente como nosotros? Ante todo el mundo, sí; ante el mundo cristiano adormecido, tibio, incrédulo, bobalicón, atrevámonos a confiar en nuestro Dios, a arriesgarlo todo por él».

Como resultado de las numerosas invitaciones para predicar, veinticuatro jóvenes se ofrecieron voluntarios para acompañarle al Congo Belga. El deseo de ir al Congo de uno de estos jóvenes tensó la relación entre C.T. y uno de sus mejores amigos. C.T. y Barclay Buxton se habían conocido por primera vez cuando estudiaban en Cambridge. Barclay provenía de una familia rica, y sorprendió a todos cuando él y su esposa, que era la carpintera de su hacienda, y dos criadas viajaron a Japón para iniciar una obra misionera. La misión era conocida como la «Banda del Japón», y aunque Barclay y su familia habían regresado a Inglaterra, todavía apoyaban a otros misioneros de la Banda del Japón.

El segundo hijo de Barclay, Alfred, un joven espigado y delgado de 20 años, estudiaba Medicina en la Universidad de Cambridge. Además estaba cortejando a Edith Studd, hija de C.T. Cuando Alfred escuchó hablar a C.T., le cautivó la idea de ir a África como misionero. Quería irse de inmediato, pero sus padres pensaban que era una idea descabellada. Su padre se negó a que fuera, lo cual consternó a su hijo y tensó la relación entre Barclay y C.T. Pero la convicción del joven por ir a África seguía inmutable. Eventualmente Barclay cedió, aunque no le entusiasmaba que su hijo abandonara la carrera de Medicina para ir a un lugar tan peligroso.

El padre de Alfred no era el único que pensaba que el plan de C.T. era una locura. Priscila y sus hijas también detestaban que regresara a África. Priscila estaba particularmente molesta porque para ella eso significaba vivir con su suegra indefinidamente. Cuando su marido oró sobre la situación, tuvo la certeza de que debían comprar su propia casa en Londres para que Priscila viviera en ella mientras él estaba en África. No tardó en enterarse de una casa en venta situada en 17 Highland Road, Norwood, Londres. Fue a verla y le gustó. La casa era modesta pero adecuada, y lo mejor de todo, el precio era una verdadera ganga. C.T. pidió un préstamo y la compró. Priscila estaba encantada de mudarse a su propia casa y no tardó en amueblarla.

Una vez instalada Priscila, C.T. se sintió libre de volver a África y preparar el camino para los jóvenes que se habían comprometido a unirse a él. Tres de los jóvenes de Cambridge ya estaban en Mombasa esperando su llegada. Alfred Buxton le acompañaría en el viaje a Kenia.

El 31 de enero de 1913, C.T. pasó la última noche en su hogar. Él y Alfred debían zarpar a la mañana siguiente. Después de cenar, vino un joven a despedirse de él, pero durante la conversación, el joven le expresó su preocupación.

—Tienes cincuenta y dos años, ¿cómo puedes dejar tu país, tu hogar, a tu esposa y a tus hijas?

C.T. pensó por un momento y dijo:

—Si Jesucristo siendo Dios murió por mí, entonces ¡ningún sacrificio que yo pueda hacer por él es demasiado grande!

Aquella frase siguió rondando en su pensamiento, y antes de acostarse esa noche, la anotó en su diario. Se recordó a sí mismo que sacrificar todo era razonable si miraba las cosas desde la perspectiva divina.

A la mañana siguiente la peculiar pareja subió al barco. Uno era considerado por la mayoría de la gente como demasiado viejo para embarcarse en una empresa misionera de tal calibre; el otro había sido catalogado como demasiado joven para dicho cometido.

Fue una despedida difícil, especialmente para Edith Studd, que se había comprometido con Alfred la semana anterior.

Al atardecer del primer día de travesía, C.T. escribió un carta a Priscila.

> Deseaba, pero no me atrevía, decirte adiós o besarte otra vez. No me atreví. Mis lágrimas se derramaron al pensar en las tuyas, lágrimas de alegría por la forma en que Dios te ha consolado. Ahora démosle gracias anticipadamente, no sólo con nuestros labios sino con nuestras vidas. No lo puedes imaginar pero sé el precio tan elevado que estás pagando, y no me atreví a decírtelo, pero te admiro, cariño, y siempre lo haré... Desde aquellos días en Shanghái no he sentido tanto el poder de Dios como lo siento ahora. Ha sido como cuando salimos Los siete de Cambridge. Adiós Priscila, mi amor. Comenzamos nuestra vida juntos arriesgándolo todo por Dios y terminaremos como empezamos, amándonos plenamente y sólo menos de lo que amamos a Jesús.

El viaje a Kenia transcurrió sin incidentes y llegaron de buen ánimo. Pero tan pronto desembarcaron, comenzaron los problemas. Los tres jóvenes que habían viajado con anterioridad se reunieron con ellos en Mombasa, y les dijeron que estaban teniendo serias dudas acerca de ir al Congo. Muchos cristianos en Mombasa y Nairobi les habían dicho que las ideas de C.T. eran poco realistas y que su salud no era la adecuada para la vida en África.

Aquello fue un gran golpe para C.T., que había estado anhelando la reunión de los cinco para unir fuerzas y viajar al Congo. Ahora se preguntaba si debía continuar con Alfred como único compañero. Incluso temía que si éste hablaba con los otros tres, también tendría reservas sobre el proyecto.

Durante el viaje a África se hicieron buenos amigos, y después de escuchar lo que los otros tres tenían que decir, Alfred decidió continuar el trayecto con C.T. Temiendo que la determinación de su joven compañero pudiera debilitarse si permanecían en Mombasa demasiado tiempo, C.T. deseaba ponerse en marcha lo antes posible. Se apremió en comprar todos los suministros que consideró necesarios, incluidas dos bicicletas, y se despidieron de los tres jóvenes antes de viajar a Nairobi. Desde allí tomaron un tren para dirigirse hacia el oeste, hasta el lago Victoria, donde embarcaron en un vapor que atravesaba el lago para posteriormente tomar otro tren. Después de otra travesía en barco para cruzar otro lago, y un recorrido en automóvil por caminos plagados de baches, llegaron a Masindi, Uganda, donde la CMS tenía una pequeña estación misionera.

¡Estaban exhaustos! Como no había lugar para ellos en la casa de la misión, levantaron su tienda de campaña en el patio, con la entrada mirando hacia el oeste. Más allá de la estación misionera, hacia el oeste, había una gran extensión de tierra sin explorar poblada de leones, serpientes y caníbales. C.T. estaba a punto de cumplir el sueño que había alimentado desde que leyera el cartel «Los caníbales quieren misioneros» en Liverpool. Habían transcurrido cinco años.

A la mañana siguiente despertó con una sensación de fuerzas renovadas y listo para seguir el viaje. A Alfred, sin embargo, le había sobrevenido una fiebre alta durante la noche y estaba demasiado débil para levantarse. C.T. cuidó de su compañero con solicitud. Desde que pusieran pie en África, Alfred había perdido mucho peso, y C.T. empezó a preocuparse por su salud. Una persistente voz interior le decía: Todavía están en el África oriental británica. ¿Cómo se las arreglará cuando lleguen a la verdadera zona de fiebres? Era una pregunta para la que carecía de respuesta.

Habían estado acampados en Masindi tres días cuando llegó un telegrama de Londres que había sido remitido desde Mombasa. El destinatario era Alfred, y C.T. esperaba que lo animara. Lo más probable es que fuera una nota de aliento de su padre. Pero Alfred no podía dar crédito al escueto mensaje que leyó. No era lo que él o C.T. habían imaginado. El telegrama decía: «No puedo consentir que vayan al interior sólos».

C.T. apenas podía creerlo. ¿Era este el final de su viaje al Congo Belga?

Capítulo 11

Un almuerzo con caníbales

Antes de que pudiera abrir la boca y proferir algo inapropiado, abandonó apresuradamente la tienda. No se atrevía a intentar persuadir a Alfred para que continuara. Él estaba dispuesto a enfrentarse a la enfermedad, a los animales salvajes y a los nativos hostiles, pero no exigiría lo mismo a otra persona. Si después de recibir el telegrama de su padre, Alfred quería volver a Nairobi, que así fuera. La situación era incluso más difícil porque Alfred no era un compañero de viaje corriente; era el hijo de un buen amigo y el prometido de su hija.

Tendré que esperar y orar para que Dios confirme a Alfred el camino que debe seguir, se dijo a si mismo mientras salía de la tienda de campaña.

A la mañana siguiente, la temperatura de Alfred era completamente normal, y sus ojos brillaban con anticipación.

—He tomado mi decisión. Nos enfrentaremos juntos al futuro, sea lo que sea que nos depare.

—¿Estás seguro de que es eso lo que Dios quiere que hagas?

—Sí. Pasé buena parte de la noche meditando en el Salmo 105. Escucha esto: «Cuando ellos eran pocos en número, y forasteros en ella, y andaban de nación en nación, de un reino a otro pueblo, no consintió que nadie los agraviase, y por causa de ellos castigó a los reyes. No toquéis, dijo, a mis ungidos, ni hagáis mal a mis profetas». C.T., creo que debemos seguir adelante juntos y que Dios nos cuidará. Ya es hora de que el evangelio avance en el corazón de África. Y yo quiero ser parte de eso.

C.T. se secó los ojos humedecidos.

—Bendito seas por tu lealtad, muchacho. Está resuelto entonces. Tan pronto te encuentres lo suficientemente bien, comenzaremos la marcha de tres días hasta el lago Albert.

Esa noche, sin embargo, sufrieron otro revés. Mientras uno de los porteadores estaba encendiendo una vela, una ráfaga de viento desvió la llama hacia la lona de la carpa, que inmediatamente se incendió. C.T. escucho un fuerte silbido y se volvió para ver las llamas. Se puso de pie de un salto y ordenó a todos que salieran de inmediato. Luego miró impotente cómo la tienda y todo lo que en ella había era devorado por el fuego.

Al clarear el día, mientras observaba el montón de cenizas humeantes al que la carpa y sus pertenencias había quedado reducido, se le pasó por la mente la idea de regresar a por más suministros. Pero la desechó de inmediato; retroceder no era parte de su vocabulario. Decidió que seguirían adelante con las tiendas más pequeñas y las provisiones que aún conservaban. Dios supliría lo que les faltara, de eso estaba seguro.

La carga de los porteadores era más ligera cuando el grupo partió a la mañana siguiente. Se dirigieron hacia el oeste y, después de tres días de caminar, llegaron a la orilla este del lago Albert. C.T. se detuvo y se quitó la gorra. Al otro lado del lago, difuminada por la bruma, podía divisar tierra: el Congo Belga. Se sintió como Josué antes de entrar en la tierra prometida. Una sensación abrumadora de gratitud lo invadió —gratitud a Dios por darle salud y fuerza, gratitud a Alfred por su lealtad y fe, y gratitud a todos aquellos que en Inglaterra habían hecho posible este momento a través de sus oraciones y apoyo financiero.

Alfred siguió a C.T. para contemplar el panorama por sí mismo. A continuación los dos se arrodillaron y oraron: «Padre, somos tuyos. Danos favor con los funcionarios del Gobierno. Ayúdanos a entrar en el país. Muéstranos adónde ir. Dirige nuestros pasos».

Cuando terminaron de orar, C.T. preguntó a Alfred si hablaba algo de francés.

—Sólo lo que aprendí en la escuela.

C.T. se rió.

—Con eso deberíamos poder arreglárnoslas. Muchos me han dicho que los belgas no permitirán que los británicos transiten por su territorio, pero cuando te oigan hablar en francés, probablemente nos darán la bienvenida y nos dejarán hacer lo que queramos.

Esa noche acamparon a orillas del lago. Como los suministros de alimentos se estaban agotando, comieron gachas[1] para la cena. Cuando estaban terminando, se aproximó un hombre blanco (probablemente un comerciante) en una canoa.

---

1 Gachas: Comida compuesta de harina cocida con agua y sal, que se puede aderezar con leche, miel u otro aliño.

—Me llamó Hall, gritó el hombre. ¿Son británicos?

—Sí, respondió C.T. Acérquese y siéntese con nosotros.

El comerciante arrastró la canoa por la arena de la orilla y se acercó. Traía una ristra[2] de peces, que no tardaron en ser asados en el fuego mientras Hall charlaba animosamente.

—Yo sólo me quedo en la zona británica del lago. Y si son prudentes, ustedes deberían hacer lo mismo.

—¿Por qué dice eso? preguntó Alfred.

Hall se rió.

—He visto demasiado como para querer adentrarme en el Congo Belga. El mes pasado desnudaron y golpearon a un aventurero inglés que llegó a este lado del lago más muerto que vivo. Pero se recuperó; peor suerte corrió un cazador de elefantes a quien hirieron en el hombro con una flecha envenenada. Está enterrado allá en la selva. Si entran en el Congo, no saldrán vivos.

—Ah, estarán demasiado interesados en nuestras bicicletas y no nos harán nada, dijo C.T., señalando a los dos bicicletas recostadas a un lado de la carpa.

—¡Bicicletas! exclamó el comerciante. ¿No estará hablando en serio? ¿No pretenderán transitar por la jungla en bicicleta?

—Eso precisamente es lo que pretendemos. Y cuando no podamos seguir con las bicicletas, continuaremos a pie, respondió C.T.

—Espero que tengan sus testamentos en regla, porque los van a necesitar.

—Nos encomendaremos en las manos de Dios; ésta es su misión, y él nos cuidará.

El comerciante se encogió de hombros.

—Entonces, piensan tomar el transbordador a Mahagi mañana.

2 Ristra: Conjunto de ciertas cosas colocadas unas tras otras.

—Eso esperamos, dijo Alfred. Supimos que unos misioneros de otra organización han establecido un punto de misión allí, y confiamos en obtener alguna información de ellos, pero nuestro destino final es Dungu.

—¡Allá ustedes!

C.T. no durmió bien esa noche. La lluvia y el viento azotaron la tienda de campaña, y no pudo evitar escuchar en su mente las palabras del comerciante. No cabía duda, según los ojos naturales, ir al Congo era un suicidio, pero C.T. rehusaba comportarse como un «soldado de chocolate»... y si cumplir con las órdenes le costaba la vida, así sería.

A la mañana siguiente, levantaron el campamento y tomaron el barco de vapor que les llevaría hasta Mahagi, en la otra orilla del lago. C.T. pasó gran parte de la travesía pidiendo a Dios por el favor de los funcionarios de inmigración belgas. Sus oraciones fueron respondidas. A pesar de ser una organización misionera compuesta por tan sólo dos hombres y de no contar con ningún otro respaldo, los funcionarios les dieron la bienvenida y les desearon suerte en sus viajes.

—¡Van a necesitarla! les dijo uno de los funcionarios. Oren para que no se encuentren con la tribu Balenda. Ahora mismo están agitados y no sería de extrañar que desmembraran a un hombre blanco en el acto.

C.T. les dio las gracias y recogió rápidamente su documentación. No quiso quedarse más tiempo para no escuchar más información desalentadora.

El viaje hacia el oeste comenzó sin contrariedades. La primera parada en la ruta iba a ser Kilo, a unos 130 kilómetros de distancia. Las bicicletas demostraron ser una herramienta útil de transporte, pues les permitía avanzar más rápido que caminando y además protegían sus pies. Sin embargo, cuando apenas llevaban dos días de viaje, se dieron cuenta de que iban muy por delante de sus porteadores.

Al llegar a una bifurcación en el camino, optaron por la senda que se dirigía hacia el oeste. Kilo estaba al oeste, y la otra bifurcación se dirigía en dirección más al norte; por lo tanto, razonaron que la bifurcación del oeste era la correcta. Lamentablemente, se equivocaron. Pronto el sendero que habían tomado desapareció, y los dos misioneros se encontraron perdidos en la densa selva africana.

Trataron de encontrar el camino de regreso al sendero, pero se toparon con unas enormes raíces de árboles mientras los monos revoloteaban sobre las ramas por encima de sus cabezas. Lo único que lograron fue adentrarse más profundamente en el selva. Desorientados y hambrientos, llegaron a un pequeño claro. La lóbrega penumbra de la jungla dio paso a la deslumbrante luz del sol. C.T. miró el cielo en busca de una nube, un ave migratoria, cualquier objeto que pudiera ayudarlo a orientarse. Pero seguía sin saber cómo regresar al sendero.

Todas las advertencias que otros europeos les habían hecho sobre los peligros de la zona, se amontonaron de golpe en sus mentes. Tenían la inquietante sensación de que estaban siendo observados. C.T. se estremeció al mirar fijamente al denso follaje que los rodeaba. Estaban completamente expuestos en todos los flancos, claramente visibles para cualquier fiera o persona oculta en la selva.

Al escuchar un ruido en la espesura situada a sus espaldas, se dieron la vuelta y vieron a un hombre africano emerger de la tupida vegetación. La mirada de ambos se clavó en el arco y las flechas que sostenía en su mano izquierda. El hombre sonrió, pero su sonrisa no tranquilizó a los misioneros, que vieron que sus dientes habían sido limados en forma de puntas afiladas, una señal inequívoca de canibalismo.

—Espero que no sea de la tribu Balenda de la que nos hablaron en la frontera, comentó Alfred.

—Yo también.

Sólo entonces reparó C.T. en la canasta de batatas y maíz que el hombre llevaba en la mano derecha. Iba vestido con una camisa hecha jirones y continuaba sonriendo. Intuyendo que no pretendía hacerles daño, C.T. se valió de gestos para darle a entender que estaban hambrientos; el hombre se acercó y les ofreció algunas de las verduras en la cesta. Cuando C.T. le entregó algunos botones a cambio, una amplia sonrisa se dibujó en su rostro y su afilada dentadura resplandeció bajo la luz del sol. De repente, les hizo señas para que lo siguieran mientras se internaba en la jungla. Los misioneros intercambiaron una mirada, tomaron sus bicicletas y le siguieron.

Una hora más tarde llegaron a otro claro, en el que había un grupo de chozas de paja. Una columna de humo proveniente de un fuego cercano se elevaba a las alturas, y unos niños correteaban persiguiéndose unos a otros. Tan pronto se apercibieron de la presencia de los dos hombres blancos, dejaron de jugar y se reunieron a su alrededor, sonriéndoles y mostrando sus afilados dientes caníbales.

—¿Crees que podría tratarse de una trampa y que nos va a matar y comer? preguntó Alfred, cuya voz evidenciaba temor.

—Lo dudo, manifestó C.T. con voz tranquila. Tienen opciones más tiernas y apetitosas en la fauna de la selva.

El hombre condujo a los misioneros hasta un fuego próximo a una de las chozas y cuando se cercioró de que estaban cómodos, colocó las batatas y las mazorcas de maíz entre las brasas. Media hora después las retiró y se las sirvió a sus invitados. A continuación, trajo carne cocinada del interior de la choza y también se la sirvió. Los dos misioneros, hambrientos después de un día perdidos en la selva, engulleron la carne y las verduras. Las batatas y el maíz estaban cocinadas a la perfección. Y la carne estaba tierna y sabrosa. Desconocían de que animal era, pero decidieron que era mejor no preguntar.

Cuando terminaron de comer, C.T. arrancó unos cuantos botones más de sus pantalones para pagar por la comida.

Cuando se levantaron para irse, el anfitrión africano pareció intuir que estaban perdidos y señaló hacia la jungla.

—Parece que nos está indicando que vayamos en esa dirección, comentó C.T.

Estrecharon la mano del hombre, recogieron sus bicicletas y siguieron la dirección que les había aconsejado. Al marcharse, la gente de la aldea se congregó alrededor y aplaudió a los dos misioneros. C.T. se despidió agitando la mano, y a continuación Alfred y él desaparecieron entre la espesa vegetación.

Mientras caminaban, C.T. oró en silencio, dando gracias porque Dios los había mantenido a salvo. Habían sobrevivido su primer encuentro con unos caníbales. En realidad, no sólo habían sobrevivido, sino que también se habían despedido como amigos. La terrible admonición de Hall en la orilla este del lago Albert dos noches antes, y la desmoralizadora advertencia de los funcionarios de inmigración belgas en la frontera, habían resultados infundadas, y C.T. se alegró de ello.

Al darse cuenta de que los misioneros podrían haberse perdido, varios de los porteadores se adentraron en la selva para localizarlos. Siguiendo la dirección que el hombre les había señalado, no tardaron en encontrarse con los porteadores que habían ido en su búsqueda. Al anochecer estaban de vuelta en el camino correcto y levantando las tiendas en un claro.

Al día siguiente montaron en las bicicletas rumbo a Kilo, aunque C.T. se mantuvo alerta para no perder de vista a los porteadores que iban detrás de ellos.

Cuatro días después, el 5 de junio, C.T. y Alfred llegaron pedaleando a Kilo. Sin duda eran las primeras personas en hacerlo, a juzgar por el alboroto que las bicicletas crearon entre los habitantes del pueblo minero. La gente se amontonó a lo largo de la calle principal, gritando y silbando mientras observaban a lo dos misioneros subidos a las extrañas máquinas con dos ruedas.

Un comerciante griego se aproximó y se presentó a si mismo. Hablaba en un inglés entrecortado, pero sus intenciones eran claras. Invitó a C.T., Alfred y a sus porteadores a que acamparan en su recinto, donde podría permanecer hasta que estuvieran descansados y listos para reemprender el viaje.

C.T. aceptó agradecido el ofrecimiento, pensando que estarían allí una o dos noches. No imaginaba que pasarían tres largos e incómodos meses antes de que pudieran reanudar el camino.

Capítulo 12

En el corazón de África

En Kilo les esperaban varias cartas que había traído un corredor que viajaba más rápido que el grupo misionero. C.T. había sido abuelo. Su hija Dorothy había dado a luz a una niña, Ana. Y el padre de Alfred escribió no sólo para disculparse por el telegrama negativo que había enviado a su hijo sino también para anunciar que el hermano mayor de Alfred, George, se estaba preparando para unirse a ellos en el Congo. C.T. se sintió muy aliviado al escuchar la noticia, pues no sólo significaba que su amistad con Barclay Buxton seguía intacta sino que también Alfred contaba con la plena bendición de su padre en su labor misionera.

Pero no todo fueron buenas noticas. Priscila contaba que su corazón estaba fallando y se había desmayado mientras compraba. El médico la había prescrito permanecer en la cama la mayor parte del día. No obstante, todavía hacía lo que podía para ayudar a la misión. Había escrito un boletín para la *Heart of Africa Mission*, que mandó imprimir en papel con forma de corazón. Unas dos mil copias del boletín se enviaron por correo a personas interesadas en la misión. Priscila también informó a su marido que la nueva misión recibía críticas constantes de cristianos que pensaban que debían trabajar al lado de una organización misionera ya establecida, como la Africa Inland Mission, o AIM para abreviar. Y lo que era peor aún, algunos de los que criticaban a C.T. eran miembros de la junta de su propia misión, a quienes había dejado al cargo antes de irse. Aún así, estaba agradecido de que dos miembros de la junta, su yerno Martin Sutton y su viejo amigo Lord Radstock, se mantuvieran firmes en apoyo de su trabajo y que ayudaran a Priscila en lo que pudieran.

C.T. respondió de inmediato a Priscila, animándola a confiar en el «Dr. Jesús» para sanarla. Y añadió:

> Podemos confiar demasiado poco en él, pero nunca podremos confiar demasiado en él... Es bueno mirar las cosas cara a cara y que Dios nos pruebe como a Gedeón. Cuando nos ha probado al máximo, siempre hemos salido refinados como el oro. Creo que Dios está a nuestro lado y que tiene la intención de ejecutar su plan de evangelizar al mundo. Por la gracia de Dios tengo la intención de seguir en el trabajo con todo lo que soy, sea para vida o para muerte, con comité o sin comité, con ayudantes o sin ayudantes.

A lo largo de los tres meses siguientes, sus palabras fueron puestas a prueba. El grupo de porteadores que les había acompañado hasta Kilo se disolvió, y por primera vez desde que habían llegado a África, les fue imposible contratar a un nuevo grupo de porteadores, viéndose obligados a interrumpir el viaje.

Además, disponían de escasa información sobre el clima en el Congo Belga, y lo poco que habían leído resultó ser bastante engañoso. Habían anticipado sol, cielos azules y algo de precipitación. En cambio, desde que llegaron a Kilo había llovido torrencialmente y las ráfagas de viento levantaban sus tiendas del suelo y las arrojaban contra los árboles. En ocasiones, C.T. y Alfred llevaban la ropa empapada de agua durante una semana entera, y cuando llegaba una tormenta, no tenían donde guarecerse de su intensa furia.

A pesar de las condiciones miserables y la incertidumbre de cuándo lograrían contratar suficientes porteadores para seguir adelante, los dos se mantenían ocupados. Se levantaban sobre las cinco de la mañana y tomaban una taza de té. Luego leían la Biblia por separado hasta que desayunaban a las ocho. Desde las nueve hasta la una de la tarde, cada uno trabajaba por su cuenta en sus proyectos. Alfred se dedicaba a aprender los conceptos básicos del Bangala, el idioma comercial local; C.T., por su parte, escribía tratados y folletos que enviaba a Priscila para que los publicara. A la una, almorzaban y luego oraban juntos. A su pesar, C.T. tenía que echarse una siesta con frecuencia, ya que se cansaba fácilmente, un efecto persistente de sus ataques de malaria. Después de la siesta, trabajaba hasta las cinco, hora a la que Alfred se reunía con él para cenar. Concluida la cena, C.T. daba un paseo por el pueblo y regresaba al campamento a tiempo para acostarse a las nueve.

Las semanas se convirtieron en meses… finalmente, a finales de agosto, contaban con suficientes porteadores para proceder con la etapa final de su viaje a Dungu. El 28 de agosto de 1913, C.T. estaba muy contento de abandonar Kilo en dirección noroeste, hacia el bosque de Ituri.

El bosque de Ituri se extendía durante kilómetros a través de montañas escarpadas. Los árboles eran tan densos que apenas permitían que la luz del sol alcanzara el suelo. C.T., Alfred, y los porteadores avanzaban en medio de lo que parecía un crepúsculo perpetuo. El sendero que seguían era estrecho y peligroso, salpicado de grandes rocas y raíces de árboles, que a veces bloqueaban el camino. No tardaron mucho en tener que dedicar más tiempo a cargar con sus bicicletas que a montarlas. Para empeorar la situación, el bosque estaba continuamente mojado. El agua que goteaba de las ramas hacía que un resbaladizo musgo y liquen lo cubriera prácticamente todo. En ocasiones C.T. tenía la impresión de que caminaban sobre hielo y no a través de la jungla africana. Los resbalones y caídas eran recurrentes y escribió en su diario que la senda parecía estar «enjabonada día y noche por el diablo para cerciorarse de que estuviera resbaladiza».

Después de cuatro días, los porteadores se hartaron. Dejaron sus cargas —artículos de camping y cajas de comida— y desaparecieron en el bosque. C.T. apenas podía dar crédito a sus ojos, pero no pudo hacer nada excepto enviar a Alfred a la próxima estación o puesto del Gobierno belga para que tratara de contratar más porteadores. Su habilidad para hablar un poco el idioma local lo ayudó a contratar nuevos porteadores, junto con algunos de los originales, que querían que les pagaran más dinero antes de volver al bosque.

Finalmente, después de once días de resbalones y caídas, emergieron a la luz del sol una vez más. Los pastizales de la provincia de Welle dominaban ahora el paisaje, y la marcha se tornó más cómoda. Pronto llegaron a su próxima parada, el puesto de Arebi. Desde allí el camino a Dungu era mucho más viable para montar en bicicleta. Pasaron junto a numerosos huertos y pudieron comprar o intercambiar arroz, mijo, nueces de mono, plátanos, batatas y piñas. Era un festival de alimentos tropicales, y C.T. no podía recordar la última vez que había comido tan bien.

Seis semanas después de dejar Kilo, el grupo llegó a su destino, el pueblo no evangelizado de Dungu, o al menos eso es lo que C.T. pensaba cuando entró en el pueblo. Se dirigió directamente a la oficina de correos, donde recibió inquietantes noticias, no de la correspondencia sino del encargado de la oficina.

Mientras le entregaba varias cartas, el administrador de correos le dijo:

—Vienen para unirse a los otros misioneros, ¿verdad?

—¿Qué otros misioneros? Somos los únicos misioneros aquí.

El jefe de correos negó moviendo la cabeza e inclinó su mirada.

—No, hay otros cuatro. Llegaron hace diez días y ya les han otorgado derechos sobre un terreno para iniciar una misión. Déjeme ver. Se apellidan Morris, Batstone, Miller y Clarke.

C.T. estaba estupefacto. Reconoció los nombres de Morris y Batstone, dos de los jóvenes que lo habían estado esperando en Mombasa y que decidieron no acompañarlos.

—¿Sabe con qué organización misionera están?

—Me parece que se llama AIM.

C.T. abrió la boca para decir algo, pero en lugar de hablar, tomó las cartas y salió al exterior, a la resplandeciente luz del sol.

Esa noche, mientras acampaban, pensó en qué debían hacer. Había venido al corazón de África para ser pionero y predicar el evangelio a personas que no habían tenido la oportunidad de escucharlo, no a seguir los pasos de otros misioneros. Al elegir Dungu, estaba seguro que había encontrado un lugar al que otras organizaciones misioneras tardarían años en llegar, pero aparentemente se había equivocado. Ahora se preguntaba cual era el próximo paso qué él y Alfred debían dar.

Cuando fue a hablar con los otros misioneros, Morris y Batstone le dijeron que después de decidir no viajar con él, habían resuelto unirse a la Africa Inland Mission. La AIM estaba a punto de enviar a dos misioneros al Congo, así que se unieron a ellos. Los cuatro tomaron un ruta ligeramente diferente a la de C.T. y Alfred, y no experimentaron los mismos retrasos. Por lo que, aunque habían salido después de Mombasa, llegaron antes a Dungu.

Después de hablar con los cuatro jóvenes, C.T. sólo vio una alternativa. Él y Alfred se irían más al oeste, hasta la ciudad de Niangara, un lugar del que todos le aseguraban nunca había recibido a un sólo misionero antes.

Como sus porteadores ya habían cobrado y se habían ido, C.T. y Alfred retomaron el agotador esfuerzo de reunir un nuevo grupo. Durante ese tiempo les invitaron a hospedarse en la casa de huéspedes de un comerciante belga, ofrecimiento que aceptaron agradecidos. Después de avistar varias mambas negras, una de las serpientes más mortíferas de África, se alegraron de contar con la protección de una casa.

En su primera noche en la casa de huéspedes, se desató una terrible tormenta sobre Dungu. Los truenos retumbaban y los relámpagos iluminaban la habitación donde C.T. y Alfred se arrodillaron en oración. De repente hubo un enorme estruendo, y un trozo de yeso se desprendió del techo, aterrizando junto a la pierna de C.T. Ambos saltaron y corrieron afuera para ver qué estaba sucediendo.

La lluvia los empapó en unos segundos. C.T. miró hacia el techo de la casa y vio una fina columna de humo que salía de la paja. Un rayo había caído sobre la casa y prendido fuego al techo. Los dos volvieron al interior para guarecerse de la lluvia. Al cerrar la puerta, C.T. estaba convencido de que la torrencial lluvia pronto extinguiría el fuego. Mientras tanto, un grupo de gente se había reunido afuera, y se podían distinguir los gritos por encima del estruendo de la tormenta.

—¿Qué están diciendo, Alfred?

Alfred tragó saliva.

—Que tomemos nuestras cosas y corramos.

Los dos hombres se miraron por un segundo, y un pedazo de paja en llamas cayó del techo junto a una mesa. C.T. se apresuró y apagó el fuego con los pies, pero los crujidos procedentes del techo eran una clara premonición de que en cualquier momento caería más fuego sobre ellos.

—Rápido. Recojamos nuestras cosas y salgamos de aquí, le gritó a Alfred.

Un poco después ambos estaban en medio del grupo de gente, viendo como la casa de huéspedes era pasto de las llamas. Por segunda vez en el viaje, el fuego les acosaba.

Junto a C.T. había un hombre blanco que sólo llevaba una toalla alrededor de la cintura.

—Soy el Conde de Grunne, Comisionado del distrito belga. ¿Se alojaba ahí?

—Sí.

—Como puede deducir por mi atuendo, vine tan pronto como me enteré del incendio.

C.T. miró a los ojos grises del hombre y le cayó bien de inmediato.

—Supongo que necesitarán otra casa para pasar la noche. Le diré a uno de mis sirvientes que prepare una de inmediato.

—Gracias, es muy amable de su parte.

A lo largo de los días siguientes, el Conde de Grunne mostró su bondad de muchas maneras. Les ayudó a encontrar más porteadores y les concedió un terreno en Niangara donde construir la estación misionera. También les proporcionó mapas y aconsejó sobre cómo llegar a Niangara. Sugirió que la forma más fácil de viajar era por el río Welle en canoa. En tres días llegarían a su destino. C.T. y Alfred aceptaron de buena gana la sugerencia del conde.

El 16 de octubre de 1913 llegaron a Niangara. Tras nueve meses de vivir primordialmente en tiendas de campaña, por fin estaban «en casa». En poco tiempo, los dos misioneros construyeron una gran cabaña de barro y zarzo a la que bautizaron como «el Palacio de Buckingham». De hecho, a la luz de todas las vicisitudes por las que habían pasado, no podían imaginar una vivienda más lujosa que unas paredes sólidas a su alrededor y un techo impermeable sobre sus cabezas.

En la primera noche en su nuevo hogar, C.T. escribió en su diario: «Somos el puesto más remoto de la obra de Dios aquí; no hay nada al oeste, al norte o al sur de nosotros, hasta llegar al río Congo».

Es lo que siempre había soñado, él y Alfred en lo más profundo del corazón de África.

A medida que pasaban los días, averiguaron que Niangara era como el eje de una rueda. A su alrededor vivían muchas tribus, incluyendo los Bazande, Mangbetu, Medje, Nepoko y Pigmeos. C.T. estaba entusiasmado; las posibilidades de evangelización eran aún más amplias de lo que había pensado en un principio.

Al poco tiempo de llegar a Niangara, decidieron explorar el área circundante con la intención de localizar lugares adecuados para ser puntos de misión. Se dirigieron al sur, a pesar de que diez años antes un grupo de treinta y cinco soldados belgas que viajaban en esa dirección habían sido asesinados y sus cuerpos hervidos y comidos por los caníbales.

Durante el trayecto no se encontraron con ningún caníbal y después de caminar cinco días, hallaron un lugar perfecto para una estación misionera. Nala era un puesto gubernamental abandonado que contaba con un abundante suministro de comida y agua, así como varios edificios de ladrillo que la gente local no utilizaba. Y lo que era más importante, quedaron impresionados por la amabilidad de las personas que conocieron. Los habitantes de Nala habían tenido trato con genta blanca antes y estaban deseosos de que alguien les enseñase a leer y escribir y les hablara del mundo exterior.

Cuando regresaron a Niangara, C.T. escribió sin dilación a la junta de la Heart of Africa Misision explicando la apertura de la gente en Nala y concluyendo: «Necesitaremos un médico y un maestro para Nala. Envíennos buenos candidatos; necesitamos hombres. ¿De dónde vendrán los fondos? Dios los proveerá. Nala es un punto de misión magnífico, una oportunidad de oro». La carta iba dirigida a Martin Sutton, presidente de la junta; la guardó y esperó a que llegara el barco correo belga.

Cuando llegó, C.T. intercambió las cartas que había escrito por las que llegaban de Inglaterra. Se sorprendió al leer una de las cartas de Priscila. Tanto Martin Sutton como su fiel partidario Lord Radstock habían muerto con un año de diferencia.

Estaba tan acostumbrado a los contratiempos que sabía que seguiría adelante, a pesar de que la junta de la misión estaba ahora en su contra. Escribió a su nuevo amigo el Conde de Grunne y le pidió una concesión de terreno en Nala. Recibió una pronta respuesta ofreciéndole tierra, siempre y cuando la gente local estuviera de acuerdo con la presencia de los misioneros. Un segundo viaje a Nala, por tanto, era necesario. C.T. y Alfred salieron tan pronto como pudieron. Cuando llegaron, entraron en Nala montados en sus bicicletas. La gente del lugar les vitoreó con entusiasmo y se reunió a su alrededor, contentos de ver que los misioneros habían regresado.

C.T. y Alfred se quedaron varios días en Nala, y antes de irse, los cabecillas de la aldea estamparon sus huellas dactilares en un documento oficial corroborando que un hermoso pedazo de tierra en su aldea pertenecía a la Heart of Africa Mission. Al contemplar el terreno, C.T. ya imaginaba la escuela y el hospital en pleno funcionamiento.

Un hombre llamado Sambo se convirtió antes de que regresaran a Niangara. Sambo, confiaban, sería el primero de muchos creyentes en Nala. Y para alentar aún más su fe, llegó una carta de la junta de la misión. Sorprendentemente, habían enviado cinco misioneros que no tardarían en unirse a ellos. C.T. estaba encantado.

Tres meses después hicieron otros dos viajes largos: uno a Poko, que estaba cinco días al noroeste de Nala, y el otro, a seis días más de camino, a Bambili. C.T. pensaba que eran dos lugares ideales para albergar futuros centros misioneros y escribió al Conde de Grunne para solicitarle concesiones de terreno en ambas localidades.

C.T. sentía que el ministerio por fin comenzaba a florecer. Desde que llegaron al Congo habían localizado cuatro lugares estratégicos donde establecer estaciones misioneras, cuyo trabajo podría alcanzar a ocho tribus diferentes. Pero se necesitaban cientos de misioneros en el Congo, ¡no cinco! Mientras estaban en Bambili, acordaron un plan para ampliar el ministerio. Alfred regresaría a Niangara para reunirse con los nuevos misioneros. Juntos iniciarían el trabajo en Nala. Alfred sería responsable de supervisar la nueva estación y de continuar su trabajo del estudio del idioma bangala.

Mientras tanto C.T. viajaría otros quinientos kilómetros para llegar al río Congo. Luego navegaría río abajo en canoa durante más de mil kilómetros hasta la desembocadura del Congo. Desde allí tomaría un barco a Inglaterra para reclutar más misioneros. Sabía que sería una labor más difícil de lo normal debido a la guerra que había estallado en Europa, que enfrentaba a Alemania contra Rusia, Francia y Gran Bretaña. Los hombres jóvenes estaban siendo reclutados para el servicio militar en las trincheras de Francia. No obstante, C.T. estaba seguro de poder persuadir a hombres cristianos para que consideraran ir como voluntarios a la noble tarea de luchar por las almas de los hombres en el Congo.

En febrero de 1915, C.T. y Alfred se separaron. Los dos misioneros habían estado juntos dos años. Durante ese periodo, C.T. había sido testigo de como Alfred había dejado de ser un veinteañero larguirucho para convertirse en un hombre maduro. Cuando se separaron, C.T. oró para que esa madurez lo sostuviera hasta que él regresara de Inglaterra con más ayuda. Ninguno de los dos tenía la más remota idea de cuánto tiempo pasaría.

Capítulo 13

Bwana Mukubwa

En abril estaba de regreso en Inglaterra. Por un lado, estaba encantado de volver a ver a su esposa e hijas, así como de tener en brazos a su primer nieto, pero por otro le resultaba muy difícil estar en su tierra natal. Se sentaba en sillas mullidas, bebía en tazas de fina porcelana y comía pasteles exquisitos y chocolates, pero lo detestaba. El sentido del humor que una vez tuvo había desaparecido; contemplaba todo a la luz de sus recientes dificultades y la necesidades que había visto en el Congo. Escudriñaba cada «frivolidad», incluso ciertas cosas que la gente consideraba necesidades. Para él, ahorrar un poco aquí y otro poco allá, por escaso que fuera, significaba disponer de más recursos para abrir otra estación misionera.

La Gran Guerra (Primera Guerra Mundial) que asolaba Europa puso en primer plano la urgencia que sentía por la lucha por almas. C.T. empleó la guerra para espolear a los voluntarios cristianos para África. En uno de sus primeros artículos para el Boletín de la Heart of Africa Mission después de llegar a casa, escribía:

> Hay más del doble de cristianos entre los 40 millones de pacíficos y evangelizados habitantes de la Gran Bretaña que el número total de misioneros que se bate en el frente de batalla de ¡1.200 millones de paganos! Y, sin embargo, los primeros se autodenominan ¡soldados de Cristo! ¿Me pregunto cómo les llamarán los ángeles? La brigada «Salvemos primero a la Gran Bretaña» ha tomado el lugar de los apóstoles del «Te ruego que me excuses».
>
> El llamado de Cristo es alimentar al hambriento, no al saciado; salvar a los perdidos, no a los de dura cerviz; llamar al arrepentimiento a los pecadores, no a los que se mofan; no es construir y amueblar cómodas capillas, iglesias y catedrales aquí, en casa, donde mecer y adormecer a los profesores cristianos con ingeniosos ensayos, oraciones redundantes y representaciones artísticas musicales, sino levantar iglesias de almas vivas entre los desposeídos, arrancar a los hombres de las garras del diablo y arrebatárselos a las mismas fauces del infierno para alistarlos y entrenarlos como soldados de Jesús, hasta convertirlos en un ejército todopoderoso de Dios. Pero esto sólo puede lograrse mediante una religión no convencional y sin restricciones, en la que la obra del Espíritu Santo esté al rojo vivo, donde ni se adore ni se predique a ninguna iglesia o estado, hombre o tradiciones, sino sólo Cristo y éste crucificado. El llamado no es a predicar a Cristo adornados con collares y ropa elegantes, báculos[1] de plata o cruces con cadena de oro, campanarios o ropajes de altar primorosamente bordados; el llamado es a predicar a Cristo mediante el sacrificio temerario y el heroísmo en las trincheras más remotas.

1 Báculo: Palo o cayado que se usa para sostenerse.

Este y otros artículos similares hicieron que C.T. fuera un foco de controversia dondequiera que iba. Algunos cristianos lo recibían con los brazos abiertos, instándolo a sacudir la iglesia aún más, mientras otros se escandalizaban por su mensaje abrasivo. A él no le importaba. Recorrió el país de un extremo al otro predicando e instando a los creyentes a consagrarse a Dios de todo corazón y a estar tan dispuestos para luchar por el evangelio en tierras extranjeras como lo estaban para luchar por Inglaterra en la Gran Guerra.

Los viajes pasaron factura a su salud, pues seguía padeciendo frecuentes ataques de paludismo. Pero C.T. siguió viajando y predicando. El 2 de noviembre de 1915, escribió en su diario.

> Hughes Jones, mi anfitrión, trajo a un médico, quien me prohibió salir y hablar esa noche y me dijo que tenía que irme a casa sin demora. Me reí y hablé durante una hora y media; [el] día siguiente en Carnarvon, dos horas; luego Bangor, tres reuniones; y por último Aberystwyth. ¡Oh, estos viajes en tren! Lentos y fríos, pero Dios siempre está ahí.

C.T. no escatimó esfuerzos personales en la causa de llevar el evangelio al África Central. En otro artículo escribió acerca de su visión para que la Heart of Africa Mission fuese la primera entre muchas misiones a las tribus no alcanzadas. El artículo terminaba diciendo: «¡A todo el mundo! ¡Bendito sea Dios porque no sé cómo dar un paso atrás!».

Las cartas de Alfred Buxton eran en su mayor parte alentadoras. Aunque uno de los misioneros recién llegados había muerto a causa de una enfermedad tropical, el resto estaba «en llamas», según contaba Alfred, y cosechando resultados. Seis meses después de la marcha de C.T. a Inglaterra, habían bautizado a dieciocho personas. «Cada uno de los bautismos de Nala generarían titulares conmovedores, "Ex caníbales, borrachos, ladrones, asesinos, adúlteros, y blasfemos entran en el Reino de Dios"».

C.T. se emocionó al continuar leyendo el relato de lo que estaba sucediendo en Nala.

> En la reunión de confesión de pecados tuvimos algunos testimonios extraordinarios: «He pecado tanto, que el número de mis pecados es incontable». «Mi padre mató a un hombre y yo le ayudé a comerlo». «Preparé un veneno con las uñas de un cadáver y lo usé para matar a un hombre». Lo primero que les decimos a los que nos visitan es «¿Para qué has venido aquí? Porque, francamente, si vienes buscando dinero, aquí no encontrarás mucho; tenemos suficiente para vivir, pero lo que realmente nos importa es que los hombres aprendan acerca de Dios y lean su Palabra». A pesar de eso, todos responden: «No buscamos dinero, buscamos a Dios».

En junio de 1916, C.T. había conseguido reclutar a ocho personas para viajar con él al Congo. Entre ellas estaba su hija Edith, quien planeaba casarse con Alfred, una farmacéutica y un carpintero. Habían tardado meses en reunir el dinero de sus pasajes, y justo cuando estaban listos para salir, recibieron la mala noticia acerca de George Buxton. El hermano mayor de Alfred había estado planificando ir al Congo para unirse a él; en cambio fue reclutado por el ejército británico como piloto. El biplano que pilotaba fue derribado cuando sobrevolaba las líneas enemigas y George murió.

Triste por la noticia, siguió preparando la salida del grupo. En julio todo estaba listo, y C.T. puso carteles por todo Londres.

> Oración y alabanza todo el día, de 10:00 de la mañana a 10:00 de la noche, Salón Central, Westminster. Inauguración de la Cruzada de Cristo con la despedida del Sr. C.T. Studd y sus acompañantes al corazón de África. Se invita sinceramente a que oren por el grupo que partirá de Paddington el lunes 24, a las 9:40. El confeti[2] está fuera de lugar, pero una avalancha de aleluyas siempre es apropiada.

Aleluyas hubo en abundancia ese día durante la predicación de C.T. ante una multitud entusiasta. «Cristo no quiere timoratos de lo posible sino intrépidos de lo imposible. Hay quienes desean vivir cerca de las campanas de las iglesias o capillas. Yo quiero ¡rescatar almas a un metro del infierno!».

Una gran muchedumbre se congregó en la estación de Paddington el 24 de julio de 1916, para despedir al grupo de misioneros. Priscila estaba allí, esta vez despidiéndose no sólo de su marido sino también de su hija. Como en otras ocasiones, C.T. y Priscila se habían despedido en privado antes de ir a la estación. Finalmente, con un silbido estrepitoso de humo del motor del tren, C.T. Studd estaba una vez más camino de África.

La travesía marítima desde Inglaterra albergaba esta vez más peligros debido a que los submarinos alemanes merodeaban por el Océano Atlántico torpedeando barcos británicos. Todos los ojos de buey[3] en el barco en el que viajaban estaban tapados, y se mantenía una vigilancia constante. Debido a la tensa situación, la cubierta estaba desierta a excepción de los misioneros y un gran contingente

2 Confeti: Conjunto de pedacitos de papel de varios colores, recortados en varias formas, que se arrojan las personas unas a otras en los días de carnaval y, en general, en cualquier otra celebración festiva.

3 Ojos de buey: Ventana o claraboya circular.

de funcionarios belgas destinados a cubrir puestos administrativos en el Congo. Algunos de los belgas se burlaban de C.T. y de sus compañeros, pero a él le traía sin cuidado. Como de costumbre, la oposición le ayudaba a enfocar sus pensamientos y lo espoleaba[4].

Además, tenía cosas más importantes de las que ocuparse que las burlas de los funcionarios belgas o la permanente amenaza de los submarinos alemanes. A su cuidado estaban ocho jóvenes idealistas, ninguno de los cuales, a excepción de Edith, había estado fuera de Inglaterra antes. C.T. hizo todo lo que estuvo en su mano para instruirlos acerca de las primitivas condiciones que les esperaban. No obstante, se preguntaba hasta qué punto eran capaces de comprenderlo. ¿Podrían imaginar un mundo sin agua corriente, ni comidas conocidas y sin privacidad alguna? Reunía a sus «soldados» cada mañana para aprender los rudimentos del idioma bangala. Las tardes las dedicaban al estudio de los grandes héroes de la fe de la Biblia y a la oración por lo que lo que les esperaba.

No se encontraron con submarinos alemanes, y finalmente, el 27 de septiembre de 1916, el barco entró en la desembocadura del río Congo y atracó en Matadi. Los misioneros acamparon allí cinco días mientras hacían acopio de provisiones y esperaban al tren que los llevaría hasta Kinshasa, un viaje de 12 horas. Al largo y estridente viaje en ferrocarril le siguió una travesía en un vapor de poco más de 300 kilómetros por el cauce del Congo. No había viento y el calor era sofocante, pero C.T. continuó preparando a los jóvenes misioneros todos los días. Cuando el vapor fondeó en la confluencia de los ríos Congo y Welle, Alfred los estaba esperando.

4 Espoleaba: Avivar, incitar, estimular a alguien para que haga algo.

Durante el reencuentro de Alfred y Edith se produjeron algunos momentos incómodos, pero por la tarde Edith estaba radiante. Después de tres años y medio de separación, Alfred seguía siendo el hombre que había conocido y con el que quería casarse.

Antes de emprender la siguiente etapa del viaje, Alfred puso a C.T. al tanto de todo lo que había ocurrido en su ausencia. Las historias animaron a C.T. Había ahora sesenta cristianos bautizados en Nala, y muchos de los jefes tribales de los alrededores solicitaban que los misioneros vinieran a sus pueblos.

—No voy a negar que hemos trabajado arduamente —dijo Alfred— pero también hemos visto a Dios obrar milagros. Uno de nuestros misioneros se encontró con un tribu que le preguntó si era inglés. Cuando les dijo que sí, lo condujeron ante un hombre que contó la historia más asombrosa. Varios años antes, cuando era adolescente, este hombre había tenido un sueño. En el sueño Dios le dijo: «Espera a los ingleses; ellos te hablarán de mí». Desde entonces, la gente del pueblo había preguntado a cualquier persona blanca con la que se cruzaban si era inglés. No sabían que inglés era un nacionalidad y pensaron que significaba ser una buena persona. Nuestro misionero pudo aclarar sus duda y hablarles de Jesucristo.

C.T. sonrió.

—Dios continua revelándose a través de sueños, como lo hizo con Daniel. Si cada conversión en Inglaterra es un milagro, ¡una conversión en África es un milagro mil veces mayor!

El grupo embarcó en un barco de vapor más pequeño para la travesía de una semana por el río Welle, antes de emprender a pie el último tramo del viaje de casi 500 kilómetros. Cuando se aproximaron a Nala, habían estado viajando cuatro meses y estaban exhaustos. C.T. había luchado con sus habituales ataques de malaria, aunque él prefería pensar que eran batallas con el demonio de las que siempre emergía vencedor.

Aún estaban a varios días de camino de Nala, cuando empezaron a encontrarse con grupos de creyentes africanos que marchaban junto a ellos cantando himnos y recitando pasajes de la Biblia. Más de una vez, a C.T. se le saltaron las lágrimas ante la trascendencia de lo que eso representaba. En los dos años que había estado fuera, el cristianismo había echado raíces en una de las lugares más tenebrosos que conocía.

Finalmente C.T. informó al extenuado grupo de misioneros que estaban a medio día de camino de su destino. Sus espíritus cobraron ánimo y sus pasos se aceleraron con sólo pensarlo. Al mediodía llegaron a las afueras del pueblo. Los creyentes prorrumpieron en gritos de júbilo mientras corrían a saludar a C.T. y a los nuevos misioneros. Uno de los primeros en saludarlos fue Sambo, el primer converso de Nala, quien había esperado cerca de dos años la vuelta de C.T.

C.T. rió con deleite al ver a Sambo, que junto a tres amigos sostenían sobre sus cabezas un largo tambor. Encaramado al tambor había un niño de cuatro años que lo batía con un palo. Sambo dijo a C.T. que quería darle una bienvenida ¡como se merecía!

La gente de Nala había preparado una fiesta tropical para los recién llegados. Piñas y plátanos adornaban las toscas mesas, y la carne de pollo asado, las batatas y las verduras se colocaron sobre las mesas tan pronto estuvieron listas y fuera de los hornos.

Mientras comían, C.T. habló con los cuatro misioneros que habían llegado poco después de su marcha a Inglaterra, ansioso por saber qué habían estado haciendo durante su ausencia.

Cuando terminaron de comer, C.T. se sentó para observar el panorama. Durante su última visita, Nala contaba con unos pocos edificios abandonados rodeados de chozas y una avenida de palmeras. Ahora era un pueblo próspero, el centro cristiano de la región. Tenía muchas casas nuevas, incluidas las pequeñas viviendas para cada uno de los nuevos misioneros.

Esa noche el servicio habitual de los viernes se llevó a cabo en un enorme centro de reuniones abierto al aire por los lados. C.T. vio con asombro como doscientos africanos ocuparon en silencio sus lugares en bancos de madera. Sus cuerpos bien aceitados brillaban a la luz de las lámparas, y sus rostros resplandecían. Pensó que nunca había escuchado nada más hermoso que los himnos que se cantaron esa noche. Eran himnos en el idioma bangala, que Alfred había compuesto y enseñado a la gente en su ausencia. Uno de los himnos que cantaron con particular entusiasmo decía:

> El camino al infierno es ancho,
> El diablo lo tiene bien barrido.
> Mucha gente anda por él,
> Porque la locura se ha apoderado de ellos.
> El camino al cielo es arduo,
> Hay un río que atravesar.
> Pero sólo hay una canoa en la que puedes cruzarlo,
> La canoa se llama Jesús.

Después de los himnos llegó el momento de compartir testimonios, y hubo gran cantidad de ellos que contar. C.T. se sintió sobrecogido por la fe indiscutible que evidenciaban. Un hombre que tenía una llaga en una pierna se puso de pie y dijo: «He caminado muchos kilómetro con estas piernas a través de los bosques para hacer mi propia voluntad. Ahora he entregado mi vida a Dios y sólo espero que mi herida cicatrice para emplear mis piernas en predicar el evangelio».

Le siguió otro hombre que no tenía orejas. «Soy Miyeye, y mucha gente me pregunta por qué no tengo orejas», comenzó a decir con una voz aguda. «La verdad es que me las comí. Hace muchos años fui esclavo en una aldea. Mi vida era muy difícil. Trabajaba más que la mayoría, pero me pagaban menos y a menudo tenía hambre. Un día se me ocurrió hablar con una de las esposas del cacique, quien también estaba siendo maltratada, y decidimos huir juntos. Tan pronto oscureció, corrimos y corrimos. Pero no lo suficientemente rápido. Yo era un niño y ella una mujer, y pronto los hombres del cacique nos dieron alcance. Nos arrastraron hasta la aldea y encendieron un gran fuego debajo de una olla. Mataron a la esposa antes mis propios ojos y la cocinaron, pero cuando llegó mi turno, la esposa principal del cacique se apresuró a decirle a la multitud: "No debemos comernos al niño. Si lo hacemos, nos acarreará un maldición y moriremos"».

«El jefe me miró fijamente durante mucho tiempo y luego asintió con la cabeza. "Como dices, no lo cocinaremos, pero debe ser castigado. Córtale las orejas, cocínalas y haz que se las coma". Y eso fue lo que hicieron. Fue terrible y estuve enfermo durante muchos días. Pero ahora, tantos años después, he oído hablar del Dios que perdona y me pide que perdone a los demás. Yo he perdonado al cacique. Mi corazón baila de alegría».

Las lágrimas se deslizaron por el rostro de C.T. mientras escuchaba. Cuánto le habría gustado que los cristianos escépticos de Inglaterra hubieran podido sentarse donde él estaba y escuchar esos testimonios. No albergaba duda alguna de que el poder de Dios estaba obrando en las tenebrosas selvas de los alrededores.

Tres semanas después, C.T. estaba viajando de nuevo. Había llegado el momento de la boda, y por ello se desplazaron a Niangara, donde residían el nuevo Comisionado de distrito belga y el juez de distrito. El Conde de Grunne, el antiguo Comisionado de distrito que tan útil había sido para C.T. cuando llegó por primera vez a la región, había muerto de fiebre de aguas negras varios meses atrás.

La llegada de Edith a Niangara causó un gran revuelo dado que, junto a las otras dos mujeres del grupo, eran las únicas mujeres blancas en el Congo. El Gobierno belga no permitía a las mujeres, incluidas las esposas de sus funcionarios, viajar al país, ya que consideraba que el Congo no era lo suficientemente civilizado para las mujeres.

Debido a esta circunstancia, el matrimonio de Edith y Alfred fue la primera boda entre blancos que tenía lugar en el interior del Congo. Dos días después de la Navidad de 1916, la boda se celebró en dos fases. La primera fue una servicio religioso en la pequeña estación misionera que C.T. y Alfred habían edificado y denominado familiarmente como el Palacio de Buckingham. La construcción de barro evocó muchos recuerdos en C.T. Los residentes de Niangara, tanto cristianos como no cristianos, se apiñaron para presenciar el espectáculo. Hacia la mitad del servicio, un banco sobrecargado de gente se partió por la mitad, y 30 africanos cayeron al suelo. Una vez comprobado que nadie estaba herido, el servicio continuó. Más adelante, ese mismo día, diez funcionarios belgas fueron testigos, junto a los misioneros, de la ceremonia legal oficiada por el Comisionado de distrito. Para la histórica ocasión, los funcionarios vestían sus uniformes de gala blancos, repletos de medallas. A continuación se sirvió té y pastel.

Alfred y Edith pasaron su luna de miel en una cercana isla mientras C.T. regresaba a Nala, que era ahora la sede de la misión. Los lugareños pronto apodaron a C.T. Bwana Mukubwa —el Gran jefe blanco.

Capítulo 14

Dios está en Nala

Frente a C.T. había 81 africanos esperando para ser bautizados. Había hablado con cada uno personalmente para escuchar sus testimonios y preguntarles sobre su comprensión de la Biblia. Había viejos y jóvenes. La mayoría eran humildes habitantes de la selva, pero había tres importantes caciques entre ellos. Esta circunstancia le hizo sumamente feliz, pues creía que el deseo de bautizarse juntos era evidencia de que entendían que eran hermanos y hermanas en Cristo. C.T. estaba satisfecho de que todos comprendieran el significado del paso que estaban a punto de tomar. Mientras cantaban un himno tras otro, cada candidato se adentraba en el río y era bautizado. Aquello le recordó al día en que bautizó a sus cuatro hijas en la India, hacía de ello 12 años ya.

A la semana de ser bautizados, varias personas dijeron a C.T. que estaban listos para salir y predicar el evangelio a sus tribus y aun a otras tribus más lejanas. C.T. estaba entusiasmado y convocó una reunión con todos aquellos que se sentían guiados a ser misioneros. Acudieron una veintena de personas con sus rostros resplandecientes. Sambo, el primer converso en Nala, estaba entre ellos.

Era un grupo más grande de lo que había esperado, y se emocionó al pensar en la enorme cantidad de trabajo que un grupo de cristianos apasionados como éste podría realizar. La elaboración de un plan de acción no se hizo demorar. Cada misionero africano recibiría tres francos y estaría predicando fuera durante tres meses. El dinero seria suficiente para cubrir el costo de la comida si el misionero era cuidadoso. Cada hombre o mujer viajaría ligero, llevando una estera de hierba como cama y una segunda estera como cobija. Así mismo llevaría un machete y una taza de porcelana.

Un mes después, C.T. reunió a los veinte nuevos misioneros bajo un árbol de mango. Era el último encuentro y tenía algunos consejos que darles. Se secó la frente y comenzó.

> Este es mi último consejo, así que escuchen atentamente. Primero: si no quieren encontrarse con el diablo durante el día, reúnanse con Jesús antes del amanecer. Segundo: si no quieren que el diablo les golpee, golpéenlo a él primero con todas sus fuerzas, para que quede tan lastimado que no pueda defenderse. Predicar la Palabra es lo que el diablo más teme y odia. Tercero: si no quieren caer, caminen, y caminen recto y rápido. Cuarto: una cabeza henchida de orgullo, la pereza y la codicia son tres de los perros con los que caza el diablo. Ahora quiero orar por todos, igual que lo seguiré haciendo cada día que estén fuera.

Después de la oración varios de los misioneros se acercaron a C.T. Uno de ellos preguntó:

—¿Cuánto tiempo debemos quedarnos en la jungla?

—Si estás cansado, regresa cuando pase un mes. Si no lo estás, vuelve al cabo de dos, y si puedes resistir tres meses, ¡bien hecho! —respondió C.T.

—¡Oh, no! —exclamó un hombre—. Yo no volveré hasta que pase un año.

—Entonces yo no regresaré hasta después de dieciocho meses —respondió otro.

C.T. sonrió al ver su entusiasmo. Durante las siguientes semanas visitó a tantos misioneros nativos como pudo, maravillándose de los sacrificios que estaban haciendo y los resultados que estaban obteniendo. Rara vez se detuvo a pensar que lo único que hacían era seguir su ejemplo.

Sambo se encontró con la oposición de un jefe local e hizo el siguiente comentario a C.T., «Nada de lo que me ocurra podrá quitarme la alegría interior que siento».

El 14 de abril de 1917, C.T. se sentó en su mesa plegable y comenzó a escribir:

> El trabajo aquí es una maravilla que sobrepasa mi entendimiento; la huella de Dios es perceptible en todas partes. Hace tres años y medio llegamos aquí dos extraños, los nativos estaban atrapados en pecados inconfesables, no hablábamos el idioma local; aún así, hoy hay 100 convertidos bautizados. Muchos jefes de aldeas están comenzando a construir escuelas y casas en sus poblaciones para que instruyamos a su gente. En cada lugar tenemos una puerta abierta para nosotros y para los creyentes nativos.

Cuando los misioneros africanos regresaron a Nala, muchos devolvieron la totalidad de su salario de tres meses en la ofrenda. No habían gastado ni un centavo.

Sus experiencias sirvieron para inspirar a muchos otros, y para agosto 50 personas más querían ser bautizadas, y un buen número de ellos también deseaban ser misioneros. C.T., Alfred y los demás se esforzaron para que estuvieran preparados.

A medida que la iglesia crecía, la gente pedía que les enseñaran a leer la Biblia. Con tal motivo se construyeron dos escuelas, una para niños y otra para niñas.

En mayo de 1918, un año después, la gente acudía a Nala desde las aldeas periféricas. Algunos venían de lugares más lejanos a medida que se corría la voz. Cuatro hombres caminaron durante 20 días hasta llegar a Nala. Cuando llegaron le dijeron a C.T., «Hemos venido porque todo el mundo sabe que el conocimiento de Dios está en Nala».

Había bautismos todos los domingos, y los caciques venían a Nala en persona para pedir que enviaran misioneros a sus aldeas. Algunos incluso anunciaban que ya habían construido una capilla y hasta ¡una casa para el misionero!

Al mes siguiente C.T. hizo uno de sus recorridos en bicicleta que lo llevó al pueblo de Deti, en la provincia de Ituri. C.T. compartió el evangelio con el cacique y su esposa principal. La esposa lo entendió al instante y se emocionó: «Siempre dije que debería haber un dios así!», exclamó.

El cacique ofreció una parcela de tierra para que viniera alguien a enseñar en la aldea. Era una oportunidad demasiado buena para desaprovecharla. A su regreso a Nala, C.T. decidió enviar al matrimonio Ellis para establecer una estación misionera en Deti.

Seis meses después regresó a Deti para ver el progreso que los Ellis habían hecho. Se quedó asombrado. Uno de los primeros conversos era un hombre ciego llamado Ndabani. Cuando era adolescente, alguien le frotó los ojos con pimientos picantes para evitar que pudiera llegar a ser jefe de la aldea. Ahora era uno de los líderes entre el creciente número de cristianos en Deti.

El domingo por la mañana C.T. comprobó como la gente comenzaba a llegar poco después del amanecer para la reunión de adoración semanal. Cuando comenzó el servicio, el lugar estaba tan lleno que tuvo dificultad para abrirse camino entre la multitud y llegar al púlpito.

C.T. predicó un sermón que fue traducido al idioma local, el Kingwana, y aunque hubo que utilizar un intérprete, los allí congregados permanecieron en silencio, absortos, la mirada clavada en el predicador. Al final de la reunión, pidió a Dios que la iglesia en Deti pudiera pronto enviar sus propios misioneros.

Desde Deti se apresuró en volver a Nala para participar de un evento muy especial. Edith, su hija, estaba a punto de dar a luz al primer bebé blanco nacido en el Congo. Llegó a Nala justo a tiempo para el nacimiento de su nieta Susan. Poco después tuvo lugar una reunión de oración para agradecer a Dios que el parto transcurriera con normalidad.

Las reuniones de oración también se llevaban a cabo por otras razones, una de las más frecuentes era la necesidad de personal para la escuela. Dado que los adultos en el pueblo nunca habían ido a la escuela y no sabían leer ni escribir, no era posible instruirlos para ejercer como maestros de escuela. Además, debido a la guerra en Europa, hacía más de año y medio que no llegaba ningún misionero nuevo.

A veces surgían trabajadores de los lugares más inverosímiles. Un día llegaron a Nala un hombre, su esposa y un porteador. El hombre se presentó como Gamutu, de la tribu Asande, y fue directo al grano.

—Bwana —le dijo a C.T.— he caminado más de 300 kilómetros para escuchar la palabra de Dios. Yo estaba en mi pueblo cuando llegó un hombre y nos dijo que en Nala se enseñaba sobre Dios. Siempre he querido saber de Dios, así que mi esposa y yo empacamos de inmediato, y aquí estamos. ¿Cuando es la primera lección?

C.T. se congratuló al ver el entusiasmo de Gamutu. En poco tiempo su alegría se convirtió en una profunda admiración al comprobar la capacidad de liderazgo de Gamutu y su inteligencia. En un año Gamutu ascendió a la posición de encargado de la escuela de los chicos.

Era muy positivo que los nativos asumieran puestos de responsabilidad en la iglesia y la escuela, porque había llegado el momento de que Alfred y Edith tomaran un permiso. Alfred llevaba en el Congo cinco años ininterrumpidos, y era el momento de tomar un descanso. C.T. esperaba que durante su estancia en Inglaterra, Alfred pudiera despertar el interés por la obra en el Congo y, a su regreso, traer con él un nuevo grupo de misioneros.

La mañana en la que Alfred, Edith y el bebé Susan debían partir, tuvieron una reunión en la iglesia. Cientos de personas vinieron a despedirse de ellos, y C.T. habló brevemente durante el servicio.

—Alfred ha sido para mí como un hijo leal y un verdadero compañero —comenzó diciendo—. Sólo Dios sabe la comunión profunda y espiritual que tenemos, pues no hay palabras para describirla. A los cuidados de Alfred, bajo la guía de Dios, le debo mi vida.

Cuando C. T. terminó de hablar, Alfred le pidió que le impusiera las manos sobre la cabeza e hiciera una última oración.

— Oraré sólo si haces lo que te pido. Súbete encima de la silla.

Obedientemente, aunque un poco desconcertado, Alfred se puso de pie sobre su silla. A continuación, C.T. se inclinó y puso sus manos sobre los pies de Alfred. Las lágrimas comenzaron a correr sobre su rostro mientras oraba que Dios guardara a Alfred, Edith, y Susan durante el viaje y los trajera con bien cuando regresaran a su casa en Nala.

C.T. estaba sorprendido de lo sólo que se sentía sin Alfred a su lado, pero las buenas noticias pronto lo reconfortaron. La Gran Guerra finalmente había terminado, y Priscila escribió prometiendo enviar más misioneros a principios 1920. Entre los nuevos misioneros que llegaron estaba Pauline, otra hija de C.T., y su esposo Norman Grubb.

Era como si un viento fresco soplara sobre Inglaterra, y las cartas de Priscila rezumaban optimismo y esperanza. Gilbert Barclay, el esposo de Dorothy, era ahora presidente de la junta directiva de la Heart of Africa Mission, y C.T. estaba encantado porque Gilbert compartía la misma visión de que la HAM se extendiese por todo el mundo. Para cumplir ese objetivo, Gilbert insistió en que la misión cambiara su nombre a Worldwide Evangelism Crusade, o WEC para abreviar.

C.T. recibió varias cartas que detallaban los planes para hacer de WEC una organización misionera internacional. Se adquirió la casa sita en 19 Highland Road, Londres, para alojar a los numerosos misioneros que ahora visitaban el hogar de los Studd. Más adelante, en 1920, Priscila y Alfred realizaron una gira por los Estados Unidos para reclutar misioneros y reunir apoyo financiero para el trabajo en el Congo y el nuevo trabajo en la cuenca del Amazonas, en América del Sur, que WEC planeaba comenzar.

Edith permaneció en Londres mientras su madre y Alfred viajaban por los Estados Unidos. Durante ese periodo dio a luz a su segundo hijo, un niño al que pusieron por nombre Lionel.

Priscila decidió que su esposo necesitaba una secretaria y le informó que la señorita May Wilson llegaría al Congo trayendo consigo un suministro de papel y su propia máquina de escribir. C.T. no estaba seguro de lo acertado de la idea. Hasta el momento había cuidado de su propia correspondencia, aunque si era sincero tenía que reconocer que a sus 60 años dicha tarea se estaba convirtiendo en una carga demasiado pesada para él.

Aunque la llegada de la señorita Wilson le resultaba algo indiferente, C.T. esperaba con anhelo el regreso de Alfred, ajeno a las grandes dificultades que esperaban a ambos.

Capítulo 15

Un nuevo proyecto

«¡Bienvenido!» dijo C.T. mientras daba a Alfred una fuerte palmada en la espalda. Volviéndose hacia Edith, la abrazó y susurró: «Dios entiende tu sacrificio». Se refería al hecho que Edith había dejado a sus dos hijos, Susan, de dos años y medio, y el bebé Lionel en Inglaterra con su suegra. Ambos niños tenían molestias en el pecho, y los médicos les habían advertido que pondrían en peligro sus vidas si regresaban al Congo con sus padres.

Corría el inicio de 1921, aunque C.T. casi había olvidado la importancia del tiempo en Europa. Había estado viviendo en el Congo cinco años sin tomar ningún descanso, y tampoco lo quería. «No», le decía a cualquiera que le preguntaba. «Dios me dijo que viniera al Congo, ¡y no me iré hasta que él me lo diga!».

Por ese entonces, caminaba encorvado y tenía todos los dientes o bien rotos o los había perdido por completo. «¿No quieres volver a Inglaterra para que te hagan una dentadura postiza?», le preguntaba la gente.

«¡Si Dios quiere que tenga una dentadura nueva, tan fácil le sería enviarme a alguien aquí como enviarme a mí a Inglaterra!», les respondía.

Sus compañeros misioneros se reían al escuchar su respuesta y le reconvenían por ser tan tozudo[1], pero a él le traía sin cuidado.

Ahora que Alfred y Edith estaban de regreso en Nala, C.T. pensó en mudarse a otro lugar. Había hecho varios viajes al sur de Ibambi, y estaba impresionado con la gran cantidad de nuevos creyentes en la zona. Después de orar al respecto, sintió que Dios lo estaba dirigiendo a mudarse allí.

La noticia de que Bwana Mukubwa iba camino de Ibambi se extendió rápidamente, y cientos de creyentes se reunieron para cantar himnos al paso de C.T. por su territorio. Él estaba abrumado por estos gestos de aprecio.

Una vez en Ibambi, no tardó mucho en construirse una vivienda. Aún utilizaba la misma silla plegable y el mismo camastro que había traído cuando llegó por primera vez. El segundo día en Ibambi comenzó a aprender Kingwana, el idioma local. Y tal como aconteció en Nala, Ibambi se convirtió en poco tiempo en un centro de actividad cristiana en la zona.

A cinco horas de camino de Ibambi se encontraba el pueblo del cacique Imbai. La gente del pueblo había construido una iglesia con capacidad para 1.250 personas, a la que llamaban la «iglesia de la cancha de críquet», porque tenía la longitud de un campo de críquet. Al contemplar el alargado edificio, rememoró sus días de jugador de críquet; imaginó que estaba listo para batear, su ojos fijos en el jugador del equipo contrario, al otro extremo de la cancha, a punto de lanzarle la bola. Pero aquellos recuerdos le parecían ahora lejanos; de

1 Tozudo: Obstinado, testarudo.

hecho, formaban parte de otra vida. Lo que le importaba en este momento no eran los vítores de los espectadores o la opinión de los comentaristas deportivos, sino las almas de los que le rodeaban.

C.T. siempre buscaba evidencias de que los africanos conversos —hombres, mujeres y niños— entendían el evangelio y que sus vidas estaban siendo transformadas. Las señales eran numerosas. De hecho, el cacique Imbai era un buen ejemplo de ello. Los funcionarios belgas le habían llamado para decirle que tenía derecho a cobrar 600 francos al año por el alquiler de la iglesia que utilizaba Bwana Mukubwa. Y le ofrecieron redactar el contrato de alquiler y ayudarle en el cobro de la renta.

«¡Oh, no!» —les comentó el cacique— «ese terreno pertenece ahora a Dios, y no puedo cobrar dinero por él».

Los funcionarios belgas no lo podían creer y le reiteraron el ofrecimiento hasta en tres ocasiones. Pero cada vez obtuvieron la misma respuesta, hasta que por fin aceptaron que el cacique Imbai se negara a cobrar un pago al que tenía derecho.

En otro pueblo, a tres horas de camino de Ibambi, 600 congoleños se reunían cada domingo para adorar a Dios. Muchos de ellos venían preparados con esteras para poder dormir en la iglesia y participar en la reunión de los lunes.

Dondequiera que iba, predicaba y leía la Biblia en voz alta. A menudo, cuando se detenía, la gente protestaba: «No te detengas ahora», gritaban hombres y mujeres ancianos. «No hemos oído estas palabras antes, y podemos morir antes de escucharlas de nuevo, así que sigue leyéndonos».

En sus 40 años como misionero, C.T. nunca había visto tal apertura al evangelio. El número de misioneros nativos que salía a predicar a otras tribus era mayor que nunca antes, y los testimonios que contaban eran extraordinarios. Uno de los misioneros fue golpeado por testificar en un pueblo, y cuando terminó la paliza, se levantó, estrechó la mano del cacique y le dio las gracias por el honor de ser maltratado por causa de Jesús. A otro misionero lo encarcelaron, y en pocas horas muchos de sus nuevos conversos se apiñaron alrededor de la cárcel, pidiendo que les concedieran el privilegio de ser encerrados junto a su hermano.

Estas y muchas otras historias similares eran una confirmación de que estaba en el lugar correcto. A pesar de que la junta directiva de la misión en Inglaterra y sus dos yernos en el Congo intentaban persuadirlo de que necesitaba volver a Inglaterra para descansar, él no quería oír hablar del tema. Escribió a la junta de la misión con la intención de explicarse.

> ¿Creen acaso que puedo hacer oídos sordos al clamor de esta gente que implora por el evangelio y anhela maestros? Si no puedo enviarles maestros, porque no hay maestros que enviar, al menos puedo taponar una brecha. Si no soy tan eficiente como los más jóvenes, al menos soy más eficiente que un ausente, que uno que no está. Y si otros no han escuchado y respondido a las pavorosas súplicas de pecadores que van al infierno, aunque desean conocer el camino al cielo, al menos mi presencia les asegurará que todavía hay unos cuantos que con tal de llevarles la salvación consideran la vida y todo lo que aprecian como si carecieran de valor.

Los ataques de malaria continuaron plagando a C.T. de forma regular. Una noche, poco después de instalarse en Ibambi, estaba tan enfermo que Alfred y Edith tuvieron que venir para cuidarlo. Traían noticias de que Pauline había dado a luz a un niño sano, a quien ella y su esposo Norman habían llamado Noel. Alfred bañó a C.T. y se sentó con él hasta la medianoche, luego se fue a la choza contigua para descansar un poco.

Aproximadamente dos horas después, C.T. se despertó al escuchar un grito desgarrador. Era Edith. Momentos después, su hija estaba en su choza:

—Padre, es Alfred —dijo jadeante—. Empezó a tener convulsiones y ahora está inmóvil.

C.T. se esforzó por levantarse de su cama y, apoyándose en Edith, se arrastró como pudo para llegar hasta donde estaba su yerno. Alfred yacía debajo de su mosquitera, su respiración apenas era perceptible. Unas manos temblorosas recorrieron el cuello y el pecho de Alfred, descendiendo hasta su muñeca para tomarle el pulso.

—Parece un ataque de algún tipo —le dijo a su hija.

C.T. pasó el resto de la noche sentado junto a Alfred, aunque habría sido difícil para cualquier observador diferenciar entre quién era el cuidador y quién el paciente. Por la mañana, Alfred estaba consciente, aunque débil y desorientado, y transcurrieron varias semanas antes de que pudiera retomar su actividad normal de trabajo.

En ese momento WEC tenía 40 misioneros trabajando en el Congo, y llegaron noticias de Priscila confirmando que finalmente la misión había enviado a tres misioneros al Amazonas. La visita de Priscila y Alfred a los Estados Unidos el año anterior también fructificó en la fundación de una rama estadounidense de WEC que prometía enviar misioneros al Congo ese mismo año.

En cuanto a los misioneros que ya trabajaban con C.T., muchos de ellos eran valientes y abnegados. Sin embargo, inevitablemente, algunos comenzaron a cuestionar el austero estilo de vida que C.T. les pedía que llevaran. ¿Qué había de malo en tener un día libre o una mesa y sillas de madera y ventanas de vidrio en sus chozas, o incluso alimentos de Inglaterra para poder disfrutar de una comida occidental de vez en cuando?

C.T. no sabía en realidad cómo responder a estos misioneros «blandos». Al igual que en ocasiones anteriores, encontró una válvula de escape en su diario.

> Mientras esté aquí, cabalgando, tengo la intención de cabalgar y hacer que otros cabalguen, no de que me lleven al cielo en un lecho placentero de flores. Hagamos una cosa o la otra: o comer y beber, porque mañana moriremos, o apostarlo todo, vida y muerte, por nuestro Señor Jesús. Aquí sólo se admiten a los apostadores; los disconformes que se marchen a casa.

Varios meses después, recibió la noticia de que Noel Grubb, el hijo de Pauline y Norman, había muerto repentinamente en su primer cumpleaños. C.T. lloró por su hija y yerno, recordando a los dos hijos que él mismo había enterrado, pero continuó involucrándose en el trabajo misionero. Pasaba los días de la semana enseñando y traduciendo al idioma Kingwana, y dedicaba los fines de semana a evangelizar en las zonas circundantes.

Le gustaba empezar sus viajes de fin de semana el viernes a las siete en punto de la noche. Con lo cual, podía trabajar todo el día y luego, al oscurecer, desplazarse a su destino. Cuando era más joven, solía ir caminando o en bicicleta, pero ahora permitía que ocho hombres fornidos lo transportaran en una silla de lona equipada con unas varas (similar a un andas). Los encargados de llevarlo eran cristianos comprometidos. De lo contrario, nunca podrían haber sido inducidos a aventurarse de noche en selvas infestadas de leopardos. C.T. aborrecía que lo trataran como alguien importante, pero no tuvo más opción que admitir que estaba demasiado débil para desplazarse tan lejos por su cuenta.

Solía viajar ligero de equipaje, apenas unas cobijas, una lámpara, algunas medicinas para repartir durante el camino, y su Biblia. Se subía a la silla, que luego era levantada suavemente sobre los hombros dispuestos de sus portadores. El líder de los porteadores llevaba una lanza y una linterna. C.T. solía ordenar un alto en el camino alrededor de la medianoche para descansar hasta que amaneciera. Después el grupo proseguía hasta llegar a su destino. Mientras tanto, los nativos a lo largo del camino transmitían la noticia de la llegada de Bwana Mukubwa, y cientos de personas salían a su encuentro.

Cuando llegaba a una estación misionera, tomaba una taza de té y hablaba con los misioneros sobre lo que estaba aconteciendo en la zona. A continuación, descansaba un rato para recuperar fuerzas antes de la gran reunión de mediodía. Continuaba sorprendiéndole la cantidad de personas que se reunían para escucharlo hablar. No era inusual que se juntaran más de dos mil personas, convocados por el tam-tam de los tambores, para un servicio donde cantaban himnos, oraban y escuchaban un sermón. En la noche, a menudo se quemaba una rama grande de un árbol caído para calentar a cualquiera que quisiera quedarse a dormir. La mayoría de la gente se quedaba esa noche y, en ocasiones, también la noche siguiente. Con frecuencia C.T. tenía que anunciar el miércoles por la mañana que debía volver a su otro trabajo y despedirse de la multitud.

Era un horario agotador, pero se esforzaba por mantenerlo. ¡Estaba convencido que no había un sólo minuto que desperdiciar!

En la estación de lluvias de 1921, llegaron a Ibambi dos grupos de personas. El primero estaba compuesto por un inglés y sus tres porteadores. El inglés entró en la choza de C.T. una tarde y lo saludó como se saluda a un viejo amigo.

—Me llamo John Buck, y he recorrido un largo camino para conocerlo, señor —dijo.

—Muy bien, tomemos un té mientras me cuenta quién es —respondió C.T.

—Supongo que lo mejor será empezar por el principio —le dijo el huésped mientras se hundía en una de las sillas plegables de repuesto de C.T.— Soy dentista, y hace un año y medio Dios me dijo que fuera al Congo para arreglarle a usted la dentadura. Rellené una solicitud para ser misionero dentista con WEC, pero la rechazaron por causa de mi avanzada edad.

C.T. observó el rostro de John Buck, y concluyó que debía tener la mitad de edad que él. Un instante después, soltó una carcajada.

—No obstante, mi orden celestial para venir a arreglarle la dentadura no ha cambiado, así que abandoné mi negocio en Londres y me embarqué con destino a África. Habría llegado aquí antes, pero pasé seis meses trabajando en Nairobi hasta reunir el dinero para el resto del viaje. Así que, aquí me tiene.

Por una vez en su vida, C.T. se quedó sin palabras. ¡Dios había enviado a un dentista desde la otra parte del mundo para arreglarle la dentadura!

La semana siguiente, John extrajo el resto de los dientes que le quedaban y moldeó una dentadura postiza. C.T. se sentía dichoso. Con su nueva dentadura podía cantar mucho mejor, y a menudo la usaba para gastar bromas a los lugareños, ninguno de los cuales imaginaba la existencia de un objeto semejante a una dentadura postiza. En cierta ocasión se metió unos alicates en la boca y fingió extraer todos los dientes superiores de una vez. En otra, se sacó la dentadura postiza entera cuando estaba orando para sorprender a quienes estaban con él y hacer que se maravillaran ante semejante enigma.

El segundo grupo de personas que llegó a Ibambi lo componían los siete misioneros estadounidenses de WEC U.S.A., y causó múltiples problemas. Alfred estaba encantado de su llegada, ya que conocía a varios de ellos, a quienes había reclutado y recomendado personalmente. C.T. no estaba no tan impresionado. Todos los misioneros de WEC hasta ese momento procedían de la Gran Bretaña, de denominaciones metodistas y presbiterianas. Por el contrario, los misioneros recién llegados eran principalmente bautistas. Británicos y estadounidenses no tardaron mucho en enzarzarse en amargas discusiones sobre las distintas interpretaciones de ciertos versículos bíblicos. En lugar de mediar para apaciguar las disensiones, C.T. se decantó por los misioneros británicos. En cuestión de semanas, los misioneros estadounidenses de WEC anunciaron que dejaban la misión y abandonaron Bimbi, para nunca volver.

Al principio todos estaban atónitos, poco después comenzaron los reproches. Alfred estaba particularmente horrorizado por la enérgica hostilidad con que los misioneros británicos recibieron a sus colegas estadounidenses, y cuestionó la decisión de C.T. de involucrarse en el debate en vez de mediar.

Lo peor estaba por llegar. Los misioneros estadounidenses informaron de lo acontecido a su base de operaciones y sin dilación WEC U.S.A. amenazó con retirar su apoyo y convertirse en una organización independiente.

La tensión entre C.T. y Alfred continuó aumentando a causa de otros temas. Uno era que a pesar de que Priscila estaba ahora viajando por todo el mundo representando WEC, C.T. le prohibió ir a visitarlo al Congo. La razón que esgrimió para justificarlo fue que Priscila era una persona demasiado relevante en la misión para correr el riesgo de contraer enfermedades tropicales; pero algo más profundo atormentaba su corazón. C.T. había determinado no ir a Inglaterra a menos que Dios se lo ordenara, y temía que si Priscila lo visitaba no sería capaz de renunciar a pedirle que se quedara a su lado. Esto significaba que o bien él regresaba a Inglaterra o ella tendría que abandonar su efectiva campaña de reclutamiento y unirse a él permanentemente. Como un viejo soldado que había puesto su llamado en primer lugar durante casi cincuenta años, no podía permitir que ninguna de esas opciones ocurriera. Por lo tanto, llegó a la conclusión de que lo mejor era que no se volvieran a ver.

A medida que avanzaba la década de 1920, las cartas que llegaban de la junta de WEC eran cada vez más críticas con sus decisiones. C.T. estimó necesario enviar a Pauline y a Norman para que explicaran la situación en persona. Antes de marcharse, Pauline vino a despedirse de su padre. Él tenía la sensación extraña de que nunca volvería a ver a su hija, y miró alrededor de su habitación en busca de algo de valor que entregarle. Vio una vieja lata de leche Nestlé que contenía algunos lapiceros, un par de Biblias gastadas de tanto usarlas, su peine y una muda de ropa remendada. Al cerciorarse de que no había nada más, dijo: «Pauline, me gustaría darte algo, pero todo lo que tenía se lo entregué a Jesús hace años».

Capítulo 16

Soldado de chocolate, jamás

Un gran sentimiento de alivio se apoderó de él. Corría el mes de julio de 1926, y C.T. había vivido lo suficiente para terminar la traducción del Nuevo Testamento y los Salmos al idioma Kingwana. Después de revisarla una última vez, la empaquetó y envió por correo a la costa para que la publicaran. Muchas cosas, incluido el correo, eran más fáciles ahora. En el pasado, un corredor necesitaba doce horas de viaje para hacer el recorrido que separaba Nala de la oficina de correos más cercana. Ahora había varias carreteras en el Congo, una de las cuales llegaba hasta Ibambi. Un vehículo venía una vez a la semana para entregar paquetes y cartas.

Una de las cartas que llegó con el nuevo sistema de correo era de Alfred Buxton. En ella, Alfred explicaba que Edith y él estaban en los Estados Unidos, adonde habían sido invitados para tratar el futuro de WEC

U.S.A. y las razones por las que el primer grupo de misioneros enviados desde Estados Unidos había recibido tan mala acogida. C.T. se indignó al leer la noticia. Él seguía convencido de que la culpa había sido enteramente de los misioneros estadounidenses y que la labor misionera había sido perjudicada por su desacuerdo y partida. La sola idea de que Alfred y Edith estuvieran intentando suavizar las cosas, le soliviantaba. Sin dar tiempo a que sus sentimientos se calmaran para contemplar la situación de manera más equilibrada, C.T. escribió una carta a Alfred en la que le decía que estaba siendo desleal y que podía darse por despedido de la misión. Edith, su propia hija, tampoco necesitaba volver. Lamentablemente C.T. fue incapaz de valorar este asunto más allá de sus sentimientos personales.

Los misioneros que trabajaban en el Congo se quedaron estupefactos cuando averiguaron lo que C.T. había hecho. Alfred había ayudado a establecer la Heart of Africa Mission en el Congo y había sido un miembro leal de la misma durante 13 años.

En febrero de 1928, el auto del correo trajo un tipo de misiva inusual a Ibambi. Cuando se detuvo en el pueblo, Priscila Studd se bajó de él. Esta vez no había pedido autorización a C.T. para venir a visitarlo, únicamente le había informado de cuándo llegaría. C.T., 30 misioneros y 2.000 cristianos congoleños estaban allí para recibirla. Muchos de ellos rieron con deleite al ver a «Mama Bwana» por primera vez. Les habían dicho en repetidas ocasiones que C.T. tenía un esposa en Inglaterra que se dedicaba a conseguir más misioneros para el Congo, pero muchos de ellos habían dudado que existiera.

Priscila y C.T. volvían a estar juntos. Priscila había dedicado su vida a trabajar desde Inglaterra para que la misión tuviera misioneros y dinero para llevar a cabo su obra entre las personas que ahora la rodeaban. C.T. estaba asombrado del excelente aspecto de su esposa a sus 64 años de edad; ella, en cambio, fue demasiado cortés al no mencionarle su apariencia envejecida.

Muchas circunstancias difíciles habían sucedido desde que C.T. y Priscila se vieran por última vez, incluido el despido de Alfred y Edith. Priscila le informó que Edith vivía ahora en Londres, mientras Alfred y algunos de los misioneros estadounidenses que había reclutado, se habían integrado en la Sudan Interior Mission y trabajaban en Etiopía. También le dijo que como resultado del despido de Alfred y los persistentes rumores de que C.T. rehusaba volver a Inglaterra para descansar, a pesar de que la junta de la misión exigía que lo hiciera, muchos misioneros y patrocinadores habían abandonado WEC. Esto Priscila y C.T. no lo discutieron en profundidad. Eran demasiado dolorosos para ambos, y C.T. no tenía intención de retractarse o regresar a Inglaterra.

La presencia de Mama Bwana en el Congo dio lugar a una serie de reuniones diarias en las que Priscila predicó a través de un intérprete. Sin embargo, Priscila permaneció en el Congo sólo dos semanas; el trabajo en Londres la reclamaba. Cuando la pareja se separó, C.T. sabía con certeza que esta había sido la última ocasión en que se veían en la tierra. En silencio, en su choza, C.T. se despidió por última vez de su esposa. Oraron juntos y pidieron a Dios que bendijera el trabajo y a sus hijos y nietos. A continuación, lentamente, cogidos del brazo, caminaron por la senda que conducía al vehículo del correo que la esperaba. La multitud reunida para la despedida estaba extrañamente silenciosa.

C.T. observó a Priscila mientras subía al auto. Al cerrarse la puerta, ella miró hacia adelante. C.T.

interpretó el gesto como si su esposa le estuviera diciendo que ambos tenían trabajos por hacer y mantendrían la vista fija en esas ocupaciones con todas sus fuerzas.

Once meses más tarde recibió una carta de su hija Pauline comunicándole que, después de un sólo día de enfermedad, Priscila Studd había muerto el 29 de enero de 1929. El último lazo de C.T. con su Inglaterra natal había sido cortado. Ahora sabía a ciencia cierta que nunca más saldría del Congo.

Un año después recibió la noticia de que había sido nombrado Caballero de la Real Orden del León que otorgaba el rey de Bélgica. Como estaba demasiado débil para ir a Kinshasa a recoger el galardón en persona, se lo enviaron por correo. Sus amigos congoleños estaban muy impresionados con la medalla, pero para él tenía un valor muy relativo, ya que, según decía a todos, valoraba la aprobación de Dios mucho más que la aprobación de cualquier hombre, incluido un rey.

En la primavera de 1931 se encontraba tan enfermo que rara vez abandonaba la cama. No obstante, seguía recibiendo muchas visitas de creyentes que venían para recibir su bendición y consejo. Uno de ellas fue la de un hombre de poca estatura llamado Zamu. Sentado junto al catre de C.T., Zamu explicó el motivo de su visita.

—He venido para despedirme. Estoy en camino a las tribus más lejanas. Son nuestros enemigos de toda la vida, y voy a compartir el evangelio con ellos. Ya he hablado con mama Roupell [otra misionera] al respecto.

—¿Qué te ha dicho? —inquirió C.T.

—Me preguntó por mi pie —respondió Zamu, mientras observaba la enorme llaga en su talón izquierdo—. Pero le dije: «Dios es, Señora Blanca».

Entonces me dijo que la comida a donde yo iba era muy diferente y que sin aceite de palma y sin sal podría morirme de hambre. Qué otra cosa podría responder yo sino «Dios es, Señora Blanca». Después me preguntó por mi esposa, y le dije que allá donde fuera, mi esposa me seguiría. Caminaremos y evangelizaremos juntos.

C.T. asintió con la cabeza. Conocía bien a Zamu y creía sus palabras.

—Dios es; tienes toda la razón—respondió C.T., subiéndose la manga de la camisa—. ¿Ves este brazo, Zamu? Una vez fue muy fuerte, pero ahora es débil, y la carne está encogida. No puedo ir contigo; mi tiempo entre ustedes está tocando a su fin. Sólo puedo vivir día a día, si Dios me da fuerzas. No dependas de mí; depende de Dios. Él está contigo. Él no va a morir. Él te cuidará.

C.T. se incorporó para sentarse.

—¡No vayas avergonzado! ¡No temas! Predica el evangelio con audacia. No arrastres la bandera de Dios por el fango. Mantenla en alto, no la deshonres. Compórtate como un verdadero soldado para vencer cualquier obstáculo que se interponga en tu camino.

Zamu asintió.

—¿Cuántos van contigo? —preguntó C.T.

—Mi esposa y yo.

—Ah. Así fue como comencé yo, sólo con mi esposa. Si eres fiel, Dios hará de ti alguien grande algún día.

Después de que Zamu se marchara, C.T. permaneció un largo rato pensando sobre su vida y las decisiones que había tomado. Tomó una hoja de papel, su pluma y tinta de un estante cercano y escribió en su diario.

> Ahora que se acerca la hora de mi partida de este mundo, sólo tengo unas pocas cosas en las que regocijarme:
> 1. Que Dios me llamó a China y fui a pesar de la gran oposición de todos mis seres queridos.
> 2. Que gozosamente actué como Cristo le dijo al joven rico que actuara.
> 3. Que deliberadamente, en respuesta a la llamada de Dios, en 1920 viajé sólo en el transatlántico SS Warwickshire, entregué mi vida por esta obra, que en lo sucesivo no sería sólo para el Sudán, sino para todo el mundo no evangelizado. Mis únicas alegrías son, por lo tanto, que cuando Dios me ha encomendado una obra que hacer, no la he rechazado.

En junio de 1931 C.T. sintió grandes dolores. Consultó su enciclopedia médica y determinó que padecía una nueva dolencia, cálculos biliares. Durante el mes siguiente, el dolor aumentó diariamente hasta que estuvo completamente incapacitado. El jueves 16 de julio de 1931, C.T. entró en un estado de semiinconsciencia. Luchó por cada aliento y a menudo pronunciaba una sola palabra: «Aleluya». Poco después del anochecer de ese mismo día, murió a la edad de 70 años.

Veinte años antes, cuando los médicos le aconsejaron no ir a África o moriría en pocas semanas, mucha gente le preguntaba qué sucedería si moría. C.T. siempre respondía lo mismo: «Gritad aleluya. El mundo se habrá librado de su tonto más grande, y con un tonto menos obstaculizando a Dios, él hará incluso mayores maravillas. No habrá funeral, ni coronas, ni crespones negros, ni lágrimas, ni marcha fúnebre. Felicitaciones por todas partes. ¡Nuestro Dios seguirá vivo, y eso es lo más importante! Morir es ganancia».

La iglesia de Ibambi decidió seguir algunas de sus instrucciones, pero no todas.

«Bwana Mukubwa ha muerto». La noticia se extendió como un reguero de pólvora mediante el tam-tam de los tambores a lo largo de cientos de kilómetros. Miles de personas tomaron sus colchonetas y unos plátanos verdes, y emprendieron el viaje hasta Ibambi para ver por última vez el cuerpo de C.T., que yacía en un ataúd abierto.

Al verlo, muchas personas lloraban, y otras lo tocaban o rezaban a sus pies. Una tormenta descargó su furia a mediodía del siguiente día, pero a pesar de la lluvia torrencial y el viento, más de dos mil personas presenciaron cómo depositaban el ataúd en la fangosa tierra africana. Puesto que nadie quería marcharse cuando terminó el funeral, tuvieron una gran reunión de oración que duró todo la noche y parte del día siguiente.

Cuando la noticia de la muerte de C.T. Studd se conoció en Londres, Alfred Buxton, quien a pesar de haber sido despedido de la misión aún tenía a su suegro en la más alta estima, tomó una vieja copia del *Soldado de chocolate* y se la leyó a Edith:

> ¡Todo verdadero soldado es un héroe! Un soldado sin heroísmo es un soldado de chocolate. ¿Quién no ha sentido desprecio o alegría al pensar en un soldado de chocolate? En tiempos de paz, los verdaderos soldados son como leones cautivos, inquietos en sus jaulas. La guerra les da libertad y los envía, como muchachos que salen en estampida al terminar el día escolar, a obtener el deseo de su corazón o perecer en el intento. ¡La batalla es el aliento vital del soldado! La paz lo convierte en un asmático encorvado. La guerra lo restaura en un hombre completo, y le otorga el corazón, la fuerza y el vigor de un héroe.

> Todo verdadero cristiano es un soldado de Cristo, ¡un héroe por excelencia! Más valiente que el más valiente, despreciando las seducciones de la paz y sus repetidas advertencias contra penalidades, enfermedades, peligros y muerte, a quienes cuenta entre sus amigos íntimos.

Alfred tomó la mano de Edith en silencio. «Una cosa sabemos con plena certeza —dijo en voz baja—, C.T. Studd no fue un soldado de chocolate.

Bibliografía

Buxton, Edith. *Reluctant Missionary*. Christian Literature Crusade, 1968.

Erskine, John T. *Millionaire for God: The Story of C.T. Studd*. Christian Literature Crusade, 1968.

Grubb, Norman P. *C.T. Studd: Cricketer and Pioneer*. London: Religious Tract Society, 1934.

Vincent, Eileen. *C.T. Studd and Priscila*. Eastbourne, England: Kingsway Publications Ltd., 1988.

Acerca de los autores

Janet y Geoff Benge forman un equipo de autores con una experiencia de más de quince años. Janet fue maestra de escuela primaria. Geoff es licenciado en Historia. Ambos son naturales de Nueva Zelanda y prestaron diez años de servicio a Juventud con una Misión. Tienen dos hijas, Laura y Shannon, y un hijo adoptivo, Lito. Residen cerca de Orlando, Florida.